旅游书架

超实用的西班牙亲子旅行书

最好的**学习**在路上

带孩子游西班牙

《亲历者》编辑部　编著

中国铁道出版社
CHINA RAILWAY PUBLISHING HOUSE

图书在版编目（CIP）数据

带孩子游西班牙／《亲历者》编辑部编著 .-- 北京：中国铁道
出版社，2015.9

（亲历者）

ISBN 978-7-113-16614-4

Ⅰ.①带… Ⅱ.①亲… Ⅲ.①旅游指南—西班牙 Ⅳ.①K955.19

中国版本图书馆CIP数据核字（2015）第133044号

书　　名：	带孩子游西班牙
作　　者：	《亲历者》编辑部 编著

策划编辑：	聂浩智
责任编辑：	孟智纯
编辑助理：	杨　旭
版式设计：	袁英兰
责任印制：	郭向伟

出版发行：	中国铁道出版社（北京市西城区右安门西街8号　邮码：100054）
印　　刷：	中煤涿州制图印刷厂北京分厂
版　　次：	2015年9月第1版　　2015年9月第1次印刷
开　　本：	660mm×980mm　1/16　印张：14　字数：280千
书　　号：	ISBN 978-7-113-16614-4
定　　价：	48.00 元

五旬节盛会

"我决定来西班牙，事实上这是一个浪漫的选择而不是一个理智的选择。比较我过去所到过、住过的几个国家，我心里对西班牙总有一份特别的挚爱，近乎乡愁的感情将我拉了回来。"对于三毛来说，西班牙就是这样一个充满着泪与欢笑的地方，她也是在这里邂逅了一生的挚爱——荷西。在我们看来，西班牙是神秘、热情、奔放，是妖冶的弗拉门戈，是激烈刺激的斗牛。来到西班牙，总有什么能轻轻触动你，让你喜欢上而又舍不得离开它。

带孩子游西班牙，你可以在西班牙北部的加利西亚、阿斯图利亚斯、坎塔布里亚和巴斯克地区，感受优美的山地和田园风光，欣赏让人心旷神怡的绿色；你可以去莱昂、昆卡、阿兰胡埃斯、阿维拉、萨拉曼卡感受一下西班牙的小镇风情，感受西班牙的淳朴民风；你可以去加那利群岛这个遥远而神秘的地方，窥探西班牙面纱下的神秘与优雅。

除了这些，你还可以和孩子去欣赏巴伯罗·毕加索、安东尼·高迪、迭哥·德·席尔瓦·委拉斯开兹等大师的作品；你还可以在西班牙的马德里和巴塞罗那观看一场让人热血沸腾的球赛，为自己喜欢的球队加油呐喊；你还可以和孩子在塞维利亚的酒馆中欣赏精彩绝伦的弗拉门戈舞，感受具有西班牙特色的艺术；你还可以参观遍及西班牙全国的王宫、城堡、教堂、博物馆，在这些地方不仅能感受到西班牙灿烂的文化，还能阅读到一部漫长的西班牙王朝史。当然，来到西班牙还要尝尝伊比利亚火腿、马德里烩菜、海鲜饭、平锅菜饭、蔬菜冷汤、Tapas等让人

垂涎三尺的美食；或者到斗牛场观看一场让人热血沸腾的斗牛比赛。

从现在开始，你是不是也想背起背包，带孩子去西班牙这个气候温和、山清水秀、阳光明媚、风光绮丽、浓情四溢又具有深厚文化底蕴的国家游览一番，放松自己呢？

本书介绍了西班牙著名的城市，如马德里、巴塞罗那、塞维利亚等，对城市中孩子感兴趣的主要景点做了详细阐述，并且有亲子行程百搭供你参考，可以让你和孩子放心游玩。去西班牙吧，那时你会看到一个"风情万种"而又热情的西班牙在向你招手。

目录

PART1：带孩子出行 的那些事
033 >> 081

PART2：带孩子游马德里
083 >> 115

目录

PART4：带孩子游塞维利亚

157 >> 177

目 录

PART5：带孩子游格拉纳达

179 >> 197

最好的学习在路上

带孩子游西班牙

目录

最好的学习在路上

带孩子游西班牙

导读

边学边玩游西班牙

唐·吉诃德（大战风车节选）

塞万提斯

这时候，他们远远望见郊野里有三四十架风车。唐·吉诃德一见就对他的侍从说：

"运道的安排，比咱们要求的还好。你瞧，桑丘·潘沙朋友，那边出现了三十多个大得出奇的巨人。我打算去跟他们交手，把他们一个个杀死，咱们得了胜利品，可以发财。这是正义的战争，消灭地球上这种坏东西是为上帝立大功。"

桑丘·潘沙道："什么巨人哪？"

他主人说："那些长胳膊的，你没看见吗?有些巨人的胳膊差不多二哩瓦长呢。"

桑丘说："您仔细瞧瞧，那不是巨人，是风车；上面胳膊似的东西是风车的翅膀，给风吹动了就能推转石磨。"

唐·吉诃德道："你真是外行，不懂冒险。他们确是货真价实的巨人。你要是害怕，就走开些，做你的祷告去，我一人单干，跟他们大伙儿拼命好了。"

他一面说，一面踢着坐骑冲出去。他的侍从桑丘大喊说，他前去冲杀的明明是风车，不是巨人；他满不理会，横着念头那是巨人，既没听见桑丘叫喊，跑近了也没看清是什么东西，只顾往前冲，嘴里嚷道：

"你们这伙没胆量的下流东西！不要跑！来跟你们厮杀的只是个单枪匹马的骑士！"

这时微微刮起一阵风，转动了那些庞大的翅翼。唐·吉诃德见了说：

"即使你们挥舞的胳膊比巨人布利亚瑞欧的还多，我也要和你们见个高低!"

他说罢一片虔诚地向他那位杜尔西内娅小姐祷告一番，求她在这个紧要关头保佑自己，然后用盾牌遮稳身体，横托着长枪飞马向第一架风车冲杀上去。他一枪刺中了风车的翅膀；翅膀在风里转得正猛，把长枪打作几段，一股劲儿把唐·吉诃德连人带马直扫出去；唐·吉诃德滚翻在地，狼狈不堪。桑丘·潘沙赶驴来救，跑近一看，他已经不能动弹，风车的旋转力量把他摔得太厉害了。

桑丘说："天哪!我不是跟您说了吗，仔细着点儿，那不过是风车。除非自己的头脑给风车转糊涂了，谁还不知道这是风车呢?"

唐·吉诃德答道："甭说了，桑丘朋友，打仗的胜败最拿不稳。看来把我的书连带书房一起抢走的弗瑞斯冬法师对我冤仇很深，一定是他把巨人变成风车，来剥夺我胜利的光荣。可是到头来，他的邪法毕竟敌不过我这把剑的锋芒。"

桑丘说："这就要瞧老天爷怎么安排了。"

桑丘扶起堂吉诃德；他重又骑上几乎跌歪了肩膀的坐骑。他们谈论着方才的险遇，顺着往拉比塞峡口的大道前去，因为据唐·吉诃德说，那地方来往人多，必定会碰到许多形形色色的奇事。

煎鸡蛋

西班牙寓言

有一位旅客来到一家客店，晚上的时候这位旅客吃了两只煎鸡蛋当作晚餐。临走时，这位旅客一时粗心大意竟然忘了付两只鸡蛋的账。

一年以后，这位旅客又来到了这家客店。他又向店主人要了些吃的，在付当日的菜账时，他对店主说："店主你还记得吗，去年我还欠你两只鸡蛋的账呢？现在我该付你多少钱？"

"等一下！"店主人认真地说，"这可得好好算一算，那两只鸡蛋本来可以孵出小鸡来，而鸡又会下蛋，而蛋又能孵出小鸡来……"

最后，算下来店主要旅客付一千个比塞塔。这么一大笔钱，旅客当然不肯付，于是双方争执起来。后来店主就威胁说要带他上法院去。旅客非常害怕被抓起来，于是跑出了客店。

在逃跑的路上他遇见一个牧羊人。"你遇到什么事情啦？怎么吓成这个样子？"牧羊人问他。

"唉！我真是倒霉，我竟然摊上

这种事情。一年前，我在一家客店吃了两只煎鸡蛋，现在我来付账，店主人却要我付一千个比塞塔。他说，那两只鸡蛋本来可以孵出小鸡来，而鸡又会下蛋，蛋又能孵出鸡来……他还说，如果我不付钱，他就要上法院去告我。"

牧羊人说："别担心，让他去告好了！你告诉我，什么时候开庭？不管怎么样，我都会替你辩护的。"

机灵的捕鸟者

西班牙寓言

有一天，一个捕鸟者在一片金黄的麦田里撒开一张大网，没过一会儿麦田上飞来了各种各样的鸟，捕鸟者拉下绳子，鸟就都在网里了。但是由于鸟的数量太多了，它们都齐心协力从地上飞起，结果网也被带着飞到了空中。捕鸟者看到这种情况，就一边不时地望着天上，一边跟着鸟走。当他走了一段路后遇到了一个行人。

"老兄，你急急忙忙地到哪儿去？"行人问他。

"我要去捉鸟，它们把我的网带走了。"捕鸟者答道。

"你没看见它们飞得又高又心齐？

"那真是太感谢你了，明天十点钟，我等你。"

第二天，法官、店主和旅客来到了法庭，时钟已敲过十一点，却不见牧羊人来。大家都在等他，一直等到下午一点差一刻，就在法院快要关门的时候，牧羊人才不急不慢地迈着悠闲的步子走进来。

"早上好！"

"早上好！"法官回答说，"你怎么现在才来，你知道你来晚了吗？传你到庭的时间是上午十点。"

"请原谅我，法官大人，我刚才在煮一锅豆子，等打完官司，我好去种。"

"岂有此理！"法官说，"我从来没听说过煮熟的豆子还会发芽！"

"就是嘛！我也是这么说，煎过的鸡蛋又怎么能孵出什么小鸡来呢！"

这下你是捉不到鸟了。"

"我们走着瞧吧！"捕鸟者高声说完，又快速向前跑去。

太阳西下时，鸟要找地方过夜了。

"我们飞到河边去吧，"野鸭子建议说，"河上有非常好的芦苇。"

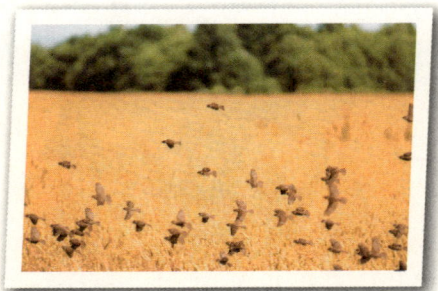

"最好还是到树林里去过夜。"鹦鹉说。

"我们想在沼泽里过夜！"朱鹭叫道，"那里有肥壮的青蛙！"

"我们要到河边去！我们要到河边去！"一些别的鸟叫道。

"我们要到树林里去。"另一些鸟争着说。

"我们要到沼泽去。"还有一些鸟坚持说。

它们争了好久，但怎么也不能决定下来，野鸭看到右面有河，就往河里飞；这时鹦鹉往左飞，要到树林去；朱鹭往后飞，要到沼泽里去。

这样一来，网就落到了地面上，这时捕鸟者也赶到了，他立即收紧网，只见网里还有不少鸟在扑腾乱飞。第二天捕鸟者把鸟拿到市场上去卖了。

和瞎子吃葡萄

西班牙寓言

在一个收货葡萄的季节，我和一个瞎子来到了一个葡萄园。葡萄园庄主很大方地给了我们一串葡萄。这位瞎子和我坐在一个围栏上，他说："咱们玩个游戏如何？这串葡萄咱俩各吃一半。你摘一颗，我摘一颗。这样平分，不过你得答应我，每次只摘一颗，不许多摘；我也一样，咱们就这么一直吃到完，谁也不能作弊。"

我们讲定好就开始吃。可是那瞎子第二次摘葡萄的时候变了，一次摘两颗。我瞧他说了话不当话，于是不甘落后，还要胜过他。于是我只要吃得及，每次摘两颗、三颗，或者还不止。

那串葡萄吃完，他还拿着光杆儿不放手，一边摇头一边说："你作弊了。我可以对天发誓，你每次绝对不会只摘一颗。"我说："没有这回事啊，你凭什么疑心我作弊了？"只见那瞎子答道，"虽然我看不到你每次吃几颗，但是我两颗两颗吃，你始终没嘀咕一声呀！"

作家和小偷

西班牙寓言

在一个寂静的深夜，一位货真价实的作家正坐在桌前忘我地写作，纸上传来笔尖划过纸的沙沙声。这位作家还是一个出色的猎手，他常常将子弹上膛，在山野和村庄狩猎。他枪法非常好，常常猎杀到很多野兔和野鸡。

突然，他听见有人悄悄地进屋。于是他立刻放下手中的笔，快速地操起双筒猎枪，猛然打开书斋的门，发现一个小偷正在撬装金币的柜子。

作家非常愤怒地对小偷说："不许动，把子弹吃进你的嘴里，我要把铅弹塞到你的嘴里！快给我吃，如果不吃，我就开枪杀了你。"

这位小偷说："请息怒先生，我坦白，我是来偷东西的。可是，活见鬼，你没有我可以偷的东西。我在医院工作，是个石（试）验员。你像一位大财主，看来很有钱。对你的古（估）计，远远超过了你的实际，我本想偷金币，却发现只有一堆书。"

岂料作家厉声喝道："你算哪门子的小偷，用词这样不当！如果你正确地讲话，不用你打开包袱，我就放了你，什么'古计'！什么'石验员'！这都是不可原谅的错误，我从来不偷东西，但装饰墙壁、画画、给马上马鞍、打鸟样样都行。你偷东西，却不会正确讲话，真是岂有此理！"

忧愁

西班牙寓言

一个路人看到一人正在小心翼翼地赶驴，于是问道："你运的是什么货物？"赶驴人很有先见之明地答道，"我，什么货物也没运，如果我的驴子跌上一跤。"

父母和孩子猜一猜，这位赶驴人运的是什么货物呢？原来，运的是玻璃。聪明的你猜到了吗？

细数西班牙
地理之最

境内最长的河流
埃布罗河

埃布罗河（Ebro River）是西班牙境内最长的河流，也是伊比利亚半岛第二长的河流。埃布罗河位于伊比利亚半岛北部，发源于坎塔布里亚山脉，上游水流湍急，中游进入盆地平原，水流变缓，多沉积，朝东南方流入地中海并形成宽广的三角洲。埃布罗河流域水能资源极为丰富，西班牙政府先后在130多条支流上建造了340多座水电站，用来发电和灌溉。

埃布罗河档案	
分类	详情
中文名称	埃布罗河
外文名称	Ebro River
特性	西班牙境内最长的河流
孩子玩点	孩子可参与垂钓和泛舟
长度	910千米
流域面积	约80093平方千米
主要支流	萨多拉河、埃加河

最高的山峰
泰德峰

泰德峰（Teide Peak）是西班牙最高峰，并且是世界上第三大火山。泰德峰也是西班牙著名的自然保护地，其中包含泰德老火山口。依据其并不久远的喷发记录以及时常从火山口喷出的气体来看，泰德火山依然是一座活火山。现在的泰德山是加那科群岛和西班牙游客最多的国家公园，这个自然遗产正散发着它独特的魅力吸引更多人去游览。

泰德峰档案	
分类	详情
中文名称	泰德峰
外文名称	英文名称Teide Peak，西班牙英文名称Pico de Teide
特性	西班牙的最高峰
孩子玩点	滑雪
地理位置	加那利群岛特内里费
海拔高度	3718米

最著名的国家公园
多纳纳国家公园

多纳纳国家公园（Donana National Park）位于西班牙安达卢西亚，占据瓜达尔基维尔河的右岸、大西洋的港湾地带，是西班牙最著名、规模最大的公园，也是欧洲最大的自然保护区之一。公园有独特的环礁湖、沼泽地、固定和移动的沙丘、丛林地和灌木地带。移动沙丘速度非常快，固定沙丘上是通过沙丘的植物固定下来的，并且在沙丘的凹地上还能看见泻湖和沼泽地。公园里有地中海的动物及一些从北非和北欧来的动物，像红鹿、野猪、野马、鼬鼠、兔等，而且每年有50多万只水禽来此栖息。

多纳纳国家公园档案

分类	详情
中文名称	多纳纳国家公园
外文名称	Donana National Park
特性	西班牙最著名的国家公园
孩子玩点	孩子可观赏从北非和北欧来的动物以及特色植物
面积	约507平方千米
公园构成	沼泽地、固定和移动的沙丘、丛林地和灌木地带等
园中动物种类	白肩雕、紫鹬、火烈鸟、琵鹭、鹳、红鹿、野猪等

阳光海岸档案

分类	详情
中文名称	阳光海岸
外文名称	Sunshine Coast
特性	是西班牙四大旅游区之一
孩子玩点	参观鲨鱼馆、帝沃利主题公园或者乘坐克拉摩洛山缆车
地址	西班牙南部的地中海沿岸
长度	200多千米
气候条件	气候温和，阳光充足

最著名的海岸

阳光海岸

阳光海岸（Sunshine Coast）被誉为世界六大完美海滩之一，位于西班牙南部的地中海沿岸。由于这里阳光充足，全年日照天数达300多天，所以被称为"太阳海岸"。该海岸连接近百个中小城镇，吸引了很多人前来观光。这里景色优美，阳光明媚，在船舶停靠的码头附近林立着许多酒店、公寓、高档餐厅、时尚小店等。

百玩不厌的首选地
西班牙亲子游 TOP 榜

最值得带孩子体验的5种娱乐活动

TOP 1 参加"橄榄油之旅"

哈恩是"橄榄油之都"，在当地，橄榄油被称为"地中海的甘露"，还有"液体黄金"的美誉。来到这里的游客可以参加"橄榄油"之旅，在橄榄油博物馆之中了解橄榄油的文化知识，在炼油厂中参观最传统榨取橄榄油方法，在特色餐馆中品尝橄榄油烤肉、橄榄油凉拌海鲜等非常美味的菜肴等，通过这些活动，相信你会情不自禁地爱上橄榄油。

TOP 2 体验赛格威斯体感车

你了解赛格威斯体感车(Segway)吗？这是一种靠人体平衡行走的代步车，它既不会让你耗费太大体力，又可以让你自由在巴塞罗那城市中穿行，非常便捷。你可以与孩子租一辆赛格威斯体感车，在巴塞罗那的哥特区的小街道、古老的港口、哥伦布雕像、皇家船厂、兰布拉大道、巴塞罗那海滩和奥林匹克海港、罗马城墙附近自由穿行，一边参观巴塞罗那的景点，一边感受体验赛格威斯体感车的快乐。

路，而且还有很多店家给的小贴士，租车绝对超值。当你骑上摩托车，你会有一种不一样的感觉，而且它能带着你发现更多神秘的地方，这是认识巴塞罗那最轻松的一种方式。

TOP 3 纳瓦拉乡村体验活动

纳瓦拉地区新兴的乡村体验"农家乐"活动现在越来越受游客们欢迎，纳瓦拉区现在有近30间农舍提供这项服务。游客可以在当地农家旅游协会提供的农家住宿地入住，还可以体验农民或畜牧工的日常劳动。每家接待游客的主人将展示他们平常一天的生活，并鼓励游客参与其中，你可以和孩子一起给绵羊喂食，为奶牛挤奶，去田里收割体会丰收的喜悦，照顾温室中的玫瑰等。

TOP 5 乘坐索列尔百年火车

索列尔火车自1912年起就往返于马略卡岛的帕尔马和索列尔小镇，1913年索列尔小镇到索列尔港口的电车线路也被开通。如今，乘坐这列承载着百年历史的火车已成为岛上最受欢迎的短途旅行之一。老式火车哼着"卡塔卡塔"的小调，慢慢穿过一片片橘树林和柠檬果林，斑驳的树影透过车窗投射在你的身上，一家人就这样享受着安静幸福的静谧时光。

TOP 4 Vespa摩托游巴塞罗那

你还记得电影《罗马假日》影片中公主骑的那辆令人印象深刻的小摩托车吗？Vesping就是由两位意大利兄弟在巴塞罗那开设的Vespa摩托租赁，摩托车上有GPS导航，你不必担心迷

最值得带孩子游览的6大岛屿

TOP 1 马略卡岛

春天的地中海也许是这个地球上最接近天堂的地方，尤其是西班牙的马略卡岛（Majorca）。马略卡岛是巴利阿里群岛中最大的岛屿。马略卡岛西部有绝美的悬崖海岸，东部怡人的海滩，西北的塞拉－特曼恩塔纳山（Serra de Tramuntana）是远足的天堂，也是马略卡岛景致最美的地方。在马略卡东海岸，每年都会举办爵士音乐节，气氛很好，不妨这时候带孩子来此游玩。

TOP 2 伊维萨岛

西班牙的伊维萨岛（Ibiza）是肖邦的故居地，是驰放音乐的发源地。每年夏季，大量游客涌入风景如画的伊维萨镇，这里就成了驰放音乐爱好者的天堂。在伊维萨岛你不仅可以买到精美的手工艺品，还能搜罗到新鲜的食品。每逢节假日，岛上街头巷尾总是充满了狂舞放歌的乡土乐队。在伊维萨岛你从来不会觉得寂寞，露天音乐会是在夜幕降临时的一个好去处。

TOP 3 特内里费岛

特内里费岛（Tenerife）是西班牙位于靠近非洲海岸的加那利群岛7个岛屿中最大的一个岛屿。在这里，你可以在海滩边体验潜水，乘坐各种各样的小船游览，或者参加种类繁多的水上运动，你也可以乘坐缆车游览特内里费岛最高的山峰——泰德，除此之外，也可以在高尔夫球场享受挥杆的乐趣。

TOP 4 大加纳利岛

大加纳利岛（Gran Canaria）因拥有多种气候和地形地貌而被称为"微缩大陆"。岛上有著名作家三毛和丈夫荷西的家。这座岛上景色错落有致，美丽如画，高耸的山峦衬托富饶的山谷，山谷中满是棕榈树和随风摇曳的香蕉树。文化爱好者们还可以参观为抵御海盗袭击而建的拉卢斯城堡，而它现在是一座博物馆。想要冒险的旅客亦可前往大加纳利岛的中心，那里有海拔2000米左右的波索日拉斯涅维斯山区，它吸引着来自世界各地的远足爱好者。

TOP 5 拉帕尔马岛

拉帕尔马岛（La Palma）绰号"美丽岛"，是加那利群岛中的一个岛。这里不仅有美丽的乡镇，还有壮观的山峰。世界上最大的陨石坑就位于拉帕尔马的中心区域。目前世界上最大的天文望远镜——加那利大型望远镜就位于拉帕尔马岛的一座山峰上，这里天空常年晴朗，可以清晰地观测夜空。此外，你还可以和孩子在岛上观赏壮丽的火山风光和森林景色。

最值得带孩子参加的6大特色节日

TOP 1 瓦伦西亚法雅节

瓦伦西亚法雅节在每年3月12日至3月19日举行，已成为西班牙极有特色的节庆。这个节日又因以焚烧人偶的方式迎接春天而被称为火节。节日期间，瓦伦西亚的大街小巷都会摆满用木料、纸板和泡沫塑料做成的玩偶，创意独特、形态各异、栩栩如生，这些玩偶被称作法雅。在节日期间，你不妨和孩子观看那些栩栩如生的玩偶。此外，法雅小姐的风采也是节日的一大亮点，她们是法雅节的代言人，也是法雅节文化和精神的传播者。

TOP 6 兰萨罗特岛

兰萨罗特岛（Lanzarote）也是加那利群岛7大岛之一，是西班牙著名的旅游胜地之一。当你踏上兰萨罗特岛后，第一个感觉就像登上了月球，这里到处都是环形的死火山口，大片大片黑色的火山岩浆和火山灰一望无际，没有任何生命迹象，死一般地寂静。你可以和孩子去参观岛上壮观的火山景观。岛上蒂曼法亚国家公园内的酒吧和餐厅运用火山的地下火烤肉，非常独特，可带孩子一尝。

TOP 2 海蟹节

在每年的8月第2个星期天，西班牙埃雷拉人会欢度别有风味的海蟹节。当天早晨和上午，海蟹成了抢手货，市场大量供应。中午，家家户户都煮海蟹，芳香四溢，小男孩们可以挨家品尝。届时，也就是由他们来评选出谁家的海蟹做得最好吃、味道最鲜美，最后再由大人们组织颁奖。

随着一声令下，便兴高采烈地冲向满载西红柿的大卡车争抢"子弹"，然后抓起这些"红色的子弹"兴奋地向身边的人砸去，人们尖叫着，躲闪着，脸上绽放的是孩子般的笑容。筋疲力尽后，"番茄大战"宣告结束。相信你和孩子一定会玩得不亦乐乎。

TOP 3 西红柿节

每年8月最后一个星期三，在西班牙瓦伦西亚地区的布尼奥尔小镇都举行一年一度的民间传统节日——"番茄大战"，这个节日最早开始于1945年，是西班牙闻名世界的传统节日。届时，早已等候在人民广场及附近街道上的人们

TOP 4 四月博览会

塞维利亚的四月博览会最初仅是单纯的家畜贩卖交易会，后来却渐渐演变为西班牙最生动有趣的节日之一。节日期间你可以看到穿着鲜艳的塞维利亚姑娘，快乐地跳着塞维利亚舞的大妈，以及驾着古老马车穿行在街头的英俊骑手。博览会上到处可见五彩的帐篷、花圈及纸灯笼，与天空相辉映，非常美丽。在这里你可以"肆无忌惮"游玩，一切都是那么随意，一切都是那么悠闲自得。

最值得带孩子参观的7大宫殿

TOP 5 巴塞罗那狂欢节

每年9月，巴塞罗那会举办盛大的狂欢节，时间持续3～5天。届时有疯狂搭人塔活动、3D灯光建筑秀、遍布全城的室外演出、中心区的巨型玩偶游行、海滩烟花，以及最后一日晚上烟花火龙游行。你可以和孩子体验惊险刺激的搭人塔，感受火光四溅的魔鬼跑火阵，和当地人拉手跳起当地传统舞蹈萨尔达纳舞，更可以参加随处可见的演唱会。

TOP 6 圣纳西节

每年的10月29日为圣纳西节，是为了纪念圣人纳西化身苍蝇、大战击退法国军队的传奇事迹。圣人纳西的墓位于吉罗纳的圣菲力教堂内，每天圣纳西节时吉罗纳全城都将举办一系列的庆祝活动，包含嘉年华、音乐表演、街头摊档、大头娃娃游行，以及烟火表演等。

TOP 1 马德里王宫

在马德里西部的山岗上，有一座保存非常完整的精美宫殿，那就是著名的马德里王宫。这座宫殿宏伟壮观，装饰豪华，里面展品很丰富。你可以在进入王宫之前先在东方广场上领略一下马德里王宫的庞大气势，也可以去南边的赛哥维亚桥欣赏王宫的全景。

TOP 2 阿罕布拉宫

说到西班牙的著名宫殿，那就不得不提位于格拉纳达的阿罕布拉宫了。这座位于小山上被人们亲切地称为"红堡"的宫殿建筑群，虽然没有法国凡尔赛宫那么奢华，但是散发着沧桑和纯朴的气息，总给人一种舒服、浪漫的感觉。你还可以站在宫内的阿卡萨巴城堡顶端凭栏远眺，欣赏格拉纳达的美景。

TOP 5 阿尔哈菲利亚宫

在萨拉戈萨有一座被护城河和美丽花园环绕的宫殿，那就是阿尔哈菲利亚宫。在这座漂亮的宫殿内，你会看见清真寺、喷泉、水池、拱门、露天的庭院等，你还可以去摩尔人想象的天堂——桔子庭院，去看看这个"天堂"与你想象的"天堂"有什么不一样。

TOP 3 埃尔巴尔多王宫

埃尔巴尔多王宫在马德里的东北郊外，是西班牙王室用于接待外宾的地方。这座青瓦白墙的建筑虽然没有马德里王宫那么宏伟壮观，但它处处透着一份干净、纯朴，而且在宫外还有令人赏心悦目的风景，非常值得你去参观一下。

TOP 6 阿兰胡埃斯皇家夏宫

阿兰胡埃斯皇家夏宫坐落在一座如绿洲般美丽的小镇上，蓝天白云将这座王宫映衬得非常美丽。这里基本上每天都是阳光明媚的，给人一种懒洋洋的感觉。你若想要去这里参观的话，最好不要在西班牙人午休的时候去，那时候没有带团的导游，所以你没办法参观。

TOP 4 阿卡莎王宫

塞维利亚的阿卡莎王宫是西班牙王室的行宫，也是一座具有悠久历史的宫殿。你可以漫步在宫殿内的各个庭院里，欣赏宫殿内珍贵华丽的家具、壁画等。宫殿的正面还连接着一个16世纪的楼梯，装饰有一些画家的名画。

人心旷神怡。在巴利阿里群岛中最迷人的海滩上，你可以和孩子在这里享受着阳光浴和地中海那澄澈透明的海浪，寻找内心的平静与安宁，或者一家人在沙滩随意漫步，一份惬意涌上心头。

TOP 7 科尔多瓦王宫

在很多人看来，科尔多瓦王宫更像是一座坚不可摧的城堡。在这里，你能看见四方的庭院、坚固的城墙，以及城墙外漂亮的花园。如果你去的时候正好是庭院节的话，还可以在花园里参加非常热闹的活动。

最值得带孩子游玩的10大海滩

TOP 1 Ses Illetes海滩

Ses Illetes海滩虽然不让人感到特别惊艳，但是宛如明信片风景一般的细碎白沙，带着田园牧歌中的宁静恬淡，让

TOP 2 Playa de Cofete沙滩

Playa de Cofete沙滩是一个被群山环绕着的原始海滩，沙滩有一种原始自然的美。高高的海浪虽然不适合游泳，但却气势磅礴，非常壮观。浪漫的氛围可以令人将世俗的一切抛之脑后，通往海滩的公路也是乐趣横生。如果你来到加那利群岛（Canary Islands），别忘记来这里看看，它可以让你忘却尘世的烦恼。

TOP 3　Playa de Los Lances海滩

Playa de Los Lances海滩是一个360°无死角的完美沙滩，而且是风筝滑水竞标赛的举办地。你可以和孩子在沙滩上欣赏壮观的大西洋海潮和瑰丽炫目的日落景观，或是观看风筝滑水与海浪搏击的场景，还可以和孩子在沙滩上进行沙滩排球等运动。带孩子来西班牙度假，一定不要错过Playa de Los Lances海滩这个好地方。

TOP 4　Playa de Las Rodas沙滩

Playa de Las Rodas沙滩是一个风景如画的海滩，被称为世界上最美的海滩之一。即使位于大西洋的冷水区，冰冷的海水也难以抵挡游客们的热情。美丽绝伦的沙滩上，溅起的浪花宛如浮冰碎雪，在阳光的照耀下折射出绚丽迷醉的光彩。来Playa de Las Rodas沙滩游玩吧，相信这里一定能让孩子玩得尽兴，而且闻名世界的加利西亚美食同样让人流连忘返。

TOP 5　加的斯博洛尼亚海滩

如果你想和孩子感受一场特殊的体验，那就来博洛尼亚海滩（Bologna Beach）吧！这里以广阔无垠的沙丘而闻名，游客们需要越过沙丘，才能接近海滩。当你和孩子相互鼓励历经千难万苦穿越过沙丘，看到清澈的海水是不是感到无比欣喜，吹着海风，或者在柔软的细沙上漫步，一定非常惬意。

TOP 6　Tamariu沙滩

Tamariu沙滩是布拉瓦海岸线上秀丽的一隅，位于巴塞罗那北部。这里曾经是一个小渔村，如今却以澄澈的海水和悠闲的沙滩吸引着来自世界各地的游客，你可以和孩子乘坐小船航行，边吹海风边欣赏海景，或者在沙滩边教孩子游泳。每年七八月份的旅游旺季，沙滩上总会挤满了游客，所以6月或是9月才是避开游人的最佳时间。

TOP 7 孔查海滩

孔查海滩（La Concha Beach）是西班牙最令人惊艳的城市海滩之一，位于圣塞巴斯蒂安，来西班牙的游客一定要带孩子来这里看看。孔查海滩可以成为画布上最美丽的风景：新月形的沙滩被波光粼粼的海湾所围着，山地城市圣塞巴斯蒂安与之遥遥相望。蓝天白云格外清丽；蓝色的海面上白帆点点，不时有海鸟飞过。置身于这如诗如画的风景中，心都醉了。

TOP 8 Cala Bassa海滩

Cala Bassa海滩是伊比沙岛最受人喜爱的沙滩之一，最纯粹的蓝天与最晶莹透明的海水碰撞着、融合着，它的美让人震撼，让人情不自禁地沉醉其中。在这里你不仅可以游泳潜水、乘船逐浪，还能在沙滩上悠闲地漫步享受阳光，或者参加派对与狂欢，一定让你玩得尽兴，为你的旅途增加一份快乐和精彩。

TOP 9 Playa de Las Catedrales沙滩

Playa de Las Catedrales沙滩以大自然鬼斧神工般的拱形岩、海蚀洞和蔚为壮观的悬崖峭壁闻名于世界。这处奇幻美丽的加利西亚海滩是一处寻幽探秘的好地方，不花个几天好好游玩一下，很难完全领略它的美。如果你和你的孩子都喜欢冒险，那就来Playa de Las Catedrales沙滩体验寻幽探秘的乐趣吧！

TOP 10 巴努斯港

马贝拉的巴努斯港（Puerto Banus）是这座城市的阳光海岸，港中的码头忙碌不已，无数尾小游艇穿行在波光粼粼的海面上。巴努斯港的海滩每年吸引着超过500万的游客来此度假。来到这里，脚下踩着松软的细沙，放眼眺望大海，吹着清新的海风，人也要醉倒在这里了。

最好的学习在路上

带孩子游西班牙

PARTI

带孩子出行
的那些事

033 ▶ 081

出发前

带着孩子出行，需要准备各项事宜，包括办理证件、兑换货币、准备行李、预订机票、预订住宿、预订门票、购买保险等，不管是选择自助旅游，还是报团旅游，父母对这些步骤都需要有个基本的了解。如果需要报团，还要跟旅行社核实清楚各种事项，并且把责任划分等显示在合同里，这样才能安心地出行。

护照

出境旅游，首先需要准备的证件就是护照。如果游客没有护照或者所持护照有效期不满6个月，就必须去办理或者更换护照。根据最新的规定，全国现在共有43个城市的外地人可以携带本人有效身份证或户口簿在当地办理外，其他城市的人则需要携带有效身份证或户口簿在本人户口所在地办理。可以就近办理护照的城市有：北京、天津、石家庄、太原、呼和浩特、沈阳、大连、长春、哈尔滨、上海、南京、杭州、宁波、合肥、福州、厦门、南昌、济南、青岛、郑州、武汉、长沙、广州、深圳、南宁、海口、重庆、成都、贵阳、昆明、西安、无锡、常州、苏州、温州、嘉兴、舟山、泉州、株洲、湘潭、珠海、东莞、佛山。

办理护照的方法有两种，一种是携带证件到公安部门办证大厅办理，一种是在公安局官方网站的相关位置预约办理时间，预约成功后可以减少排队时间。第一种为最常规的办证方式，第二种是随着城市发达程度而发展推出的便民措施。父母需要注意的是，孩子也一定要办理护照。如果初次办理护照，可以一家人一起去办理。

●办理步骤

1.领取申请表

携带申请人、伴侣及孩子的身份证（出生证）或户口簿到户口所在地（可就近办理护照的43个城市除外）的县级和县级以上的派出所、公安分县局出入境管理部门领取护照办理申请表。

2.填写申请表

需要填写的信息与身份证（或出生证）真实信息一致，姓名不能用艺名、代称等。

3.提交申请表

将本人身份证、户口簿复印件、填写完整的几张申请表原件、申请人及孩子的单人彩色照片各一张（需在出入境管理处或者是他们指定的照相馆照相）递交到办理柜台，并且索取回执。

4.领取护照

公安局出入境管理处受理申请后，审批、制作和签发护照的时间是10～15个工作日。领取护照时，须携带领取人身份证或者户口簿、领取护照所需要的回执和200元/人的工本费前往柜台领取。也可以在提交资料时，缴纳快递费用委托邮寄。凡在回执标明取证日期3个月后没有领取证件或者没有安排邮寄的，公安局出入境管理处将证件予以销毁。

<table>
<tr><td colspan="5" align="center">中 国 公 民 因 私 出 国 申 请 表</td><td colspan="2">申请编号条形码</td></tr>
<tr><td colspan="7">以下内容由申请人填写（请用正楷字及兰黑色或黑色墨水笔书写）：</td></tr>
<tr><td>身份证号码</td><td colspan="4"></td><td colspan="2" rowspan="9">贴照片处

近期正面免冠半身白色或淡蓝色背景彩色照片

照片大小：48×33mm
头部宽度：21～24mm
头部长度：28～33mm</td></tr>
<tr><td>姓</td><td>名</td><td></td><td>性别</td><td></td></tr>
<tr><td>拼音姓</td><td>拼音名</td><td></td><td>民族</td><td></td></tr>
<tr><td>出生日期</td><td>年 月 日</td><td>出生地</td><td>婚姻状况</td><td></td></tr>
<tr><td>政治面貌</td><td>文化程度</td><td></td><td>联系电话</td><td></td></tr>
<tr><td>户口所在地址</td><td colspan="2"></td><td>所属派出所</td><td></td></tr>
<tr><td>家庭现住址</td><td colspan="2"></td><td>邮政编码</td><td></td></tr>
<tr><td>本 人
身 份</td><td colspan="4">□国家工作人员 □国有大中型企业中层以上管理人员 □其他人员
□国有控股、参股企业的国有股权代表 □金融、保险系统人员</td></tr>
<tr><td>单位全称</td><td colspan="2"></td><td>行政职务</td><td></td><td colspan="2" rowspan="2">特别声明：

本申请表格所填内容正确无误，所提交的身份证明文件和照片真实有效。如有虚假将被追究法律责任。</td></tr>
<tr><td>单位地址</td><td colspan="2"></td><td>联系电话</td><td></td></tr>
<tr><td>前往国家或地区</td><td colspan="2"></td><td colspan="2">属第（ ）次申请因私出国（境）</td><td colspan="2">申请人签名：</td></tr>
<tr><td>出境事由</td><td colspan="4">□定居 □旅游 □访友 □探亲 □商务 □劳务 □自费留学
□单位公派留学 □国家公派留学 □继承财产 □应聘工作
□结婚 □其他事由</td><td colspan="2">____年__月__日</td></tr>
<tr><td>申请证件种类类别</td><td colspan="4">□首次申领护照 □护照延期 □护照补发 □护照换发
护照加注内容：（ ）
护照换发原因：（ ）</td><td colspan="2" rowspan="2">不满十四周岁的申请人，办理申请时，须由监护人陪同。监护人须作如下声明：
本人是申请人的____，依法拥有对申请人的监护权，同意申请人提出申请，本人的公民身份号码是：
_____</td></tr>
<tr><td>原护照号码</td><td>签发地</td><td colspan="2">有效期至</td><td>年 月 日</td></tr>
<tr><td rowspan="4">家庭主要成员</td><td>称谓</td><td>姓名</td><td>年龄</td><td>工作单位、职务</td><td>家庭住址</td></tr>
<tr><td></td><td></td><td></td><td></td><td></td></tr>
<tr><td></td><td></td><td></td><td></td><td></td></tr>
<tr><td></td><td></td><td></td><td></td><td></td><td colspan="2">监护人签名：</td></tr>
<tr><td>本人简历</td><td colspan="5"></td><td colspan="2">____年__月__日</td></tr>
<tr><td>取证方式</td><td colspan="4">□邮政速递 □到公安机关领取</td></tr>
<tr><td>邮寄地址</td><td colspan="2"></td><td>收件姓名 邮政编码 联系电话</td><td></td></tr>
</table>

签证

西班牙为申根国家之一，持我国护照如欲前往申根国家者可到申根国其中之一的驻华使馆或总领馆申请申根短期停留签证，申根签证适用于法国、德国、奥地利、意大利、荷兰、比利时、卢森堡、西班牙、葡萄牙、希腊、丹麦、瑞典、挪威、芬兰、冰岛等26国。申根签证仅以旅游或商务为限，且最长停留时间年内不得超过90天，原则上签证不得办理延期。

●如何办理西班牙签证

1.准备材料

申请人需要的所有材料以西班牙签证申请中心为主。需要特别注意的是申请人最近6个月的银行对账单（必须加盖银行印章）；全程酒店及机票预订单；有效的旅行医疗保险英文版保单原件及复印件；未成年人需提供父亲和母亲授权的公证书（译成西班牙文并认证），学校的假期证明。

2.申请预约

北京/广州西班牙签证申请中心不需要提前预约，如在上海西班牙签证中心受理，可网上预约，填写完整的信息并打印出来。如果亲自递交可就近选择西班牙签证申请中心。如果选择在线申请，必须将文件用扫描仪或照相机制作成电子副本，确定你符合条件后就可以在线申请，在线申请服务费134元人民币。

3.递交材料

携带打印好的预约表、所有材料和现金到访预约的签证申请中心，并接受面试。

4.等待签证结果

在线查询你的申请即可查询签证状态。

5.收取护照

申请人本人领取护照请携带缴费凭证和盖有西班牙签证申请中心章的护照首尾页复印件。代理领取护照除上述文件之外，还请出示申请人与护照领取人共同签署的委托书（注明护照领取人姓名、身份证号码和机构名称），护照领取人的照片证件原件和复印件，如身份证、护照或驾驶执照。

注意事项：上海领区的申请人一旦你的签证未被获批，根据上海西班牙领馆规定，必须由申请人本人亲自到西班牙签证申请中心领取你的护照。任何中介或者第三方代办都不能代为领取。

●针对未成年申请人的材料提交流程

根据西班牙驻上海总领事馆的要求，在上海领区递交签证的申请人如果是小于12岁（不包括12岁），不需要本人亲自递交签证申请，写好委托书让委托人代交即可。

西班牙驻华使领馆信息

名称	地址	电话	电子邮箱	办公时间
西班牙驻华大使馆	中国北京朝阳区三里屯路9号	010-65323629/1445/3728	cog.pekin.vis@maec.es	周一至周五8:00~14:30
西班牙驻上海总领事馆	上海黄浦区中山东一路12号301、303、305室	021-63213543	cog.shanghai.vis@maec.es	周一至周五9:00~13:00
西班牙驻广州总领事馆	广州市珠江新城华夏路10号富力中心5楼501、507、508室	020-38927185/38928909	cog.canton.vis@maec.es	周一至周四9:00~13:00, 14:00~17:00, 周五:00~15:00
西班牙驻香港总领事馆	香港 8th floor, Printing House 18, Ice House St.–Central	00852-25253041/42	——	周一至周五8:30~16:00

● 申请签证所需材料

想要知道在申请签证时需要提交哪些材料，可以到西班牙驻华大使馆或西班牙驻北京、上海、广州领事馆的网站上查看。下面介绍一些办理签证需要的主要材料：

西班牙签证所需材料

名称	备注
申根签证申请表格	可以从西班牙驻北京、上海、广州领事馆的网站上下载，签证申请表格要用英文填写，自己的名字、地址要用汉语拼音填写
2张白底彩色近期证件照	宽26～35毫米，长32～45毫米；照片可以多准备几张备用
护照原件、复印件及旧护照的原件、复印件	护照有2张以上的空白页可用，以及护照所有页的复印件
医疗保险原件、复印件及翻译件	医疗保险需适用于申根国家区域，涵盖医疗保险和送返费用，保险金额不低于3万欧元（约20万人民币），覆盖在申根区的整个停留时间
身份证	正反面复印
户口簿	申请人户口簿原件及所有页复印件
在职及准假证明（原牛及复印件）	抬头纸打印、薪水、逗留目的、逗留期限、离开日期、担保返回中国；公司营业执照副本复印件盖公章
资金证明	信用卡、工资卡或银行卡的最近3个月的对账单、3个月存款的记录、旅行支票
	存款原件和复印件，5万元以上的银行存款证明，最好是6个月之前就有效的存款
往返机票预订单、酒店预订单	若申请多次入境旅游签证，需提供首次旅行的机票预订单。注意：需未确认的往返程机票。机票应在签证签发之后出票付款
旅行计划	能清晰显示旅行计划的文件（交通方式预订、行程单等）
辅助材料	房产证（原件及复印件）或购房合同和发票；驾照原件及复印件

上海西班牙签证中心的网上预约不是强制性的，申请人可根据自身时间安排进行选择预约或到场取号，预约在后请至西班牙签证申请中心递交申请。

西班牙的签证费425元，6～12岁儿童签证费248元，服务费134元，6岁以下儿童免服务费。所有费用一经交纳将不予退还，且须以人民币现金支付，信用卡及其他支付方式将不予接受。

塞维利亚西班牙广场

西班牙签证申请中心				
名称	地址	办理时间	电话	咨询邮箱
北京西班牙签证申请中心	北京市朝阳区工体北路13号院1号楼702室	受理时间：周一至周五8:00～15:00；领取护照时间周一至周五8:00～15:00	010-84059481/84059482	infopek.espcn@vfshelpline.com
上海西班牙签证申请中心	上海市黄浦区四川中路213号久事商务大厦3层	受理时间：周一至周五8:00～15:00；领取护照时间周一至周五8:00～15:00	021-51859725	infosha.espcn@vfshelpline.com
广州西班牙签证申请中心	广州市天河区体育西路189号城建大厦2楼219室	受理时间：周一至周四8:00～15:00；周五8:00～14:00；领取护照时间周一至周五8:00～15:00	020-38734001	infocan.espcn@vfshelpline.com

行程

去西班牙之前，非常有必要提前确定将要游玩的地方。父母跟孩子共同讨论想去的城市，跟孩子一起规划行程安排，了解目的地的概况，孩子将会非常感兴趣，在之后的旅途中也会表现得更为懂事。本处设计了3条跨城市游玩的路线，供父母孩子参考。

● 西班牙中部经典游

路线简介：在西班牙游玩的时间共6天5夜，全程包含的城市有马德里、塞哥维亚、萨拉戈萨，考虑到带着孩子不方便，因此每天游玩的景点都是不容错过的经典景点，并留足时间供孩子休闲娱乐。

第1天	第2天	第3天
此航班到达时间为当地时间11:00左右，到达后先办理入住，中午吃过午餐后，乘坐地铁到达西班牙广场，在马德里塔楼的顶层欣赏马德里全景	这一天的行程安排是在城市的西边漫行，途中你会经过德波神庙，然后来到马德里王宫参观王宫宫殿，去王宫时途径阿穆德纳圣母主教座堂，晚上就在马约尔广场游玩	在马德里的第3天主要是在市中心边漫步边游览，早晨先到马德里市中心的太阳门广场游玩，然后是皇家赤足女修道院、格兰大道、阿尔卡拉门，最后在丽池公园休息游玩

✈ 飞行14.5小时，办完手续2小时	✈ 7小时	✈ 8小时
🚌 航班ＳＵ２０１和SU2500、地铁3号线或者10号线	🚌 乘坐地铁3、10号线等	🚌 乘坐地铁1、2、3号线等

第4天	第5天	第6天
早上首先带孩子去索菲亚王后国家艺术中心参观，然后游览马德里当代艺术馆，最后在马德里皇家植物园欣赏各种各样的植物	乘坐火车来到塞哥维亚，首先带孩子游览阿尔卡萨堡，迪士尼动画以《睡美人》中的城堡就是以这座城堡为原型创造设计的。然后游览塞哥维亚主教堂，晚上在塞哥维亚马约尔广场转转	在萨拉戈萨要游览的地方分别是苏达塔、皮拉尔广场与拉赛欧广场、皮拉尔圣母大教堂和石桥。这一天的行程虽然看似很满，但其实这些景点并不大，最重要的是彼此距离非常近，完全可以步行到达
⌄	⌄	⌄
⌁ 7小时	⌁ 8小时	⌁ 7小时
⌄	⌄	⌄
🚇 地铁	🚇 火车、公交车	🚇 飞机、公交车、步行

● 东部瑰宝游

在西班牙停留的时间共6天6夜，全程尽在美丽的巴塞罗那和瓦伦西亚，考虑到带着孩子游玩，每天的景点都是符合孩子的喜好，并留足够的时间供孩子休闲娱乐。

第1天	第2天	第3天
此航班到达时间为当地时间上午11:00左右，到达后先办理入住。中午吃过午餐后，乘坐公交车到达米拉之家参观；再乘公交到巴特罗之家参观；晚上则是到加泰罗音乐宫欣赏歌剧	在巴塞罗那的第2天建议你先到巴塞罗那大教堂参观一番，然后到兰布拉大道观看各种街头艺人表演，顺便在这附近的小巷解决午餐。下午则是到加泰罗尼亚国家艺术博物馆观看艺术展，晚上则在国家宫享受"神奇喷泉"所带来的极致浪漫	在巴塞罗那的第3天，建议你先到圣十字圣保罗医院游览一下世界最漂亮、最有艺术感的医院。下午参观建了几百年依然还在修建的圣家大教堂。时间宽裕的话可去看看巴塞罗那凯旋门
⌄	⌄	⌄
⌁ 飞行15小时左右，办完手续2小时	⌁ 8小时	⌁ 7小时
⌄	⌄	⌄
🚌 航班SU201和SU2638、公交车	🚌 公交车	🚌 公交车

第4天	第5天	第6天
在巴塞罗那的第4天，中午建议你到贝德拉贝斯王宫参观陶器博物馆和装饰艺术博物馆，真正了解西班牙的生活艺术。下午则是到古埃尔公园游玩，充满梦幻色彩的古埃尔公园如同童话世界，独特奇妙，甚至有些怪异，但毫无疑问这里是美的	在瓦伦西亚的第1天，建议你先到国家瓷器博物馆观看精美的瓷器展览，然后到瓦伦西亚主教堂参观。还可以游览火祭博物馆，馆中收藏了自1930年以来在历年中夺魁的火祭人偶	在瓦伦西亚的第2天建议你先到圣女广场游览，这是一个很著名的观光胜地。下午则到艺术科学城，体验这所古城最现代化建筑的代表，晚上可以在歌剧院观看一场演出
⅄ 8小时	⅄ 7小时	⅄ 6小时
🚍 公交车	🚍 飞机、公交车26、31路等	🚍 乘坐地铁3、5号线等

● 南部古城游

　　游客在西班牙的时间共6天6夜，全程包含的城市有塞维利亚和格拉纳达，西班牙南部的城市历史悠久，每座城市都很好地保留了远古的历史烙印，不妨带孩子在景点中探寻历史的印记吧！

第1天	第2天	第3天
此航班到达时间为当地时间上午10:00左右，到达后先办理入住，中午吃过午餐后，带孩子去塞维利亚主教堂参观，这座教堂是塞维利亚标志性建筑。晚上则建议去看一场精彩的弗拉门戈舞蹈演出	今天带孩子先去参观塞维利亚王宫，王宫里面的花园非常别致，而且这里还设有植物迷宫。花园一定要好好逛。然后可以带孩子去塞维利亚大学，这里是歌剧《卡门》的故事发源地	早上先去玛丽亚·路易莎公园游玩，这是塞维利亚最大的公园，由一位美丽的公主捐建。然后可以去西班牙广场转转，甚至还可以在广场上的小河里泛舟
⅄ 飞行29小时左右，办完手续2小时	⅄ 7小时	⅄ 6小时
🚍 航班AY052、AY3183 和IЗ3954	🚍 乘坐公交T1路等	🚍 乘坐34路与环线C1公交车

第4天	第5天	第6天
中午先到达在世界杂志报刊频频出现的"都市阳伞"游玩，然后到充满犹太人智慧的圣十字区游览。晚上的塞维利亚很美，古城里新旧建筑相互映衬。晚上建议你乘船游览塞维利亚，你会发现塞维利亚前的另一种美	在格拉纳达的第1天建议你先到这里的瑰宝——阿尔罕布拉宫参观。然后它的附属夏宫——赫内拉利费宫参观。之后到历史悠久的阿尔拜辛区游玩	在格拉纳达的第2天，首先要领略一下混杂了各种建筑风格的格拉纳达大教堂，之后则要到旁边的皇家礼拜堂参观一下。下午到卡尔图哈修道院体验一下奢华至极的巴洛克风，时间宽裕的话，可以去格拉纳达现代艺术博物馆

🕐 8小时	🕐 8小时	🕐 7小时
🚋 乘坐有轨电车T1、步行	✈ 飞机，30、32路公交车等	🚌 公交车1、3路等

预算

　　带孩子到西班牙旅行，基本开销包括住宿费、饮食费、观光费、交通费、娱乐费、礼品费等。若能够根据西班牙的物价信息做出大致的预算，将会防止严重超支。做预算时，要根据家庭实际需求制订各项费用的大致开销，通常一个家庭自助出游，需要准备大约4万元人民币（不包括来回机票）才能玩得比较痛快。父母可以参考下面的物价信息，进行基本预算。

<table>
<tr><th colspan="5">在西班牙旅行的物价资讯（单位：人民币）</th></tr>
<tr><th>名目</th><th>类别</th><th>单价</th><th colspan="2">详情</th></tr>
<tr><td>机票</td><td>往返联程</td><td>3000～6000元/人</td><td colspan="2">此为经济舱价格，费用包含燃油费；旅游淡季机票价格便宜，提前1个月订票也能享受优惠</td></tr>
<tr><td rowspan="2">住宿</td><td>大城市</td><td>500～800元/天</td><td colspan="2">在马德里等大城市的酒店住宿费用较高，如果家庭倾向于自己准备餐饮，可以预订短租房、家庭旅馆等，费用会降低一半，且能让孩子有较多的空间活动</td></tr>
<tr><td>中小城市</td><td>约500元/天</td><td colspan="2">在中小城市，住宿费用低，住家庭旅馆等更实惠</td></tr>
<tr><td rowspan="3">饮食</td><td>快餐店</td><td>全家约180元/餐</td><td colspan="2">快餐店方便快捷，省时间，不过大多数热量较高</td></tr>
<tr><td>星级餐厅</td><td>全家约1000元/餐</td><td colspan="2">如果全家人想坐下来吃个正餐，享受精致的美食，那就需要多准备一些钱，1000元是基本消费水平</td></tr>
<tr><td>家庭旅馆自制</td><td>全家人约50元/餐</td><td colspan="2">自制餐一般是自己做，荤素搭配，既营养又具有家庭味道</td></tr>
<tr><td rowspan="2">市内交通</td><td>出租车</td><td>市内出行约100元/程</td><td colspan="2">西班牙出租车起步价约13元人民币，节假日、深夜价格会提高，需要付小费给司机；短途的出行通常约100元</td></tr>
<tr><td>地铁、轻轨、公交</td><td>约13元/次</td><td colspan="2">以马德里地铁为例，单程票价约为10元起，如果路程达到5站以上，则需每站加付约0.6元，直到路程为10站、票价约为13元</td></tr>
</table>

名目	类别	单价	详情
购物	化妆品	约200元/件	西班牙的一些化妆品价格比国内要优惠的多
	儿童衣服	约300元/件	在西班牙的品牌服装店，能够以非常低的价格买到舒适而结实的儿童服装，最关键是款式新潮，极受孩子们喜爱
	电子产品	4000元/个	如果想买苹果系列的笔记本、相机等回国居家使用，这也是个好机会
	香水	200~800元/瓶	一些国际品牌的香水在西班牙卖得比国内便宜很多，而且能买到很多国内没有的款式
	品牌服饰	100元起/件	西班牙的一些品牌服装店在打折时会低至120元，要比国内便宜很多，推荐耐克等运动系类的衣服和鞋子
	纪念品	200元/件	西班牙的一些特色礼品在打折时，价格实惠，品质好，送朋友最合适
娱乐	儿童乐园	单人300元/场	儿童乐园有很多项目，直接购买通票或是家庭票更加优惠
	剧场	单人600元/每场	在西班牙观看一场球赛是最不容错过的
景点票价	各博物馆	单人约60元/馆	在西班牙，有些博物馆是不收费的，当然有些博物馆的费用也比较高
	其他景点	单人约30元/景	西班牙很多景点是免费进入参观的，大部分广场是免费开放的
租车	小型轿车	约150元/天	租车自驾是很多带孩子的家庭的出游首选形式，这种方式也能有效地减少交通费用，并且给孩子带来舒适的游玩体验

货币

西班牙使用货币为欧元，惯用符号是   。欧元由欧洲中央银行和各欧元区国家的中央银行组成的欧洲中央银行系统负责管理。

纸币

自欧元发行以来，其纸币共有7种面额，分别是5、10、20、50、100、200和500欧元，纸币的设计在整个欧元区都差不多的，所有的欧元纸币都印有欧洲央行行长的签名。第一套欧元纸币于2002年1月1日至2013年5月1日发行，随后在2013年5月2日起被第二套纸币所取代。不同的纸币使用不同的主题色调。

欧元纸币尺寸和颜色各不相同，每种面值的纸币都显示一个欧洲建筑时期、一张欧洲地图和欧洲旗帜。对于这7种面值的纸币，都无一例外地采用了正面为门窗，背面是桥的设计方式。纸币上印着货币的数额，后面分别用拉丁语和希腊语字母标注。

●你知道欧元纸币图案上的意义吗

　　欧元纸币上的拱门和窗户图案象征着开放和合作的精神，欧洲联盟的12颗星星代表动力和欧洲国家的团结。纸币背面的桥形建筑代表着欧洲国家之间以及欧洲与世界的合作与沟通。

辨别欧元纸币真伪小技巧

　　摸：纸币是用纯棉木浆做的，摸起来很脆，很结实。印刷用的是凸版，用手摸油墨能感觉到是凸出来的。

　　看：欧元纸币左上角有几个看似不连贯的曲线，其实只要把纸币对着光看，就能看到纸币正反面的曲线组成了这张纸币的面值。

　　纸币经过水印处理，图案包括纸币的面值以及不同时期欧洲建筑的窗户，迎着光线观察，原本模糊的图案变得清晰可见。

　　迎着光线观察，可在纸币中间发现一条磁性黑线，在黑线中间印有透明的"欧元"字样及相应面值。

　　倾斜：在5欧元、10欧元及20欧元纸币的正面右侧，有一条全息图像带，反复上下倾斜可看到纸币面值、欧盟旗帜、欧元符号及"欧元"字样；在50欧元至500欧元纸币的正面右侧，有一个全息图像标签，上面印有纸币面值、微缩"欧元"字样及纸币正面主图案。

硬币

　　硬币有1分、2分、5分、10分、20分、50分、1欧元、2元8种面值。欧元区国家的硬币有一面相同的图案，另一面则不相同。其中1、2、5分币由2002年起铸造没有修改，正面为地球显示欧洲、中东、非洲一面，其他5种的正面图案分为2002年版与2007年版，图案中的欧洲地图有所不同。

　　在西班牙1、2、5分硬币不同的那一面图案是圣地亚哥大教堂，10、20、50分硬币不同的那一面图案是塞万提斯等作家，1、2元硬币不同的那一面图案是卡洛斯一世国王。

● 兑换欧元

去西班牙旅行，人民币必须要换成欧元才能使用。了解怎么兑换欧元，在哪里兑换等非常重要。下面就来简要介绍一下。

在国内兑换：若去银行兑换，按规定一人一年凭身份证可以兑换5万美元等额面值的欧元。欧元在我国境内很多银行的分行皆可凭身份证直接兑换，在选择银行的时候，可以选择中国银行、招商银行等汇率相对比较高且稳定的银行。

在国外兑换：到达西班牙后，也可在正规的金融机构、银行、信托公司或外汇兑换处兑换货币。有的商店、酒店和餐厅也可兑换外汇，方便需要兑换小额货币的旅客，大型酒店的汇率通常与银行接近，在La Caixa或Caixa Catalunya可换兑。不建议在游客集中地换汇，如加泰罗尼亚广场附近的兑换点。

信用卡

国际知名信用卡支付在西班牙商业活动中也十分普遍，通常在店铺入口处就有提示是否可用信用卡结账。信用卡在商场、超市、加油站，甚至于市场的摊位和一些小镇都能使用，很方便。

西班牙很少有商店接受银联卡，但VISA卡、万事达卡等在一般商店都可以使用，非常方便，很多酒店、餐馆和商店也接受旅行支票，使用者需出示护照。所以可以少带些现金，以防被偷。

● ATM取款

可在西班牙Euro6000下属的银行和花旗银行的ATM上取欧元现钞，按照当天中国银行的汇率从卡内提取相应人民币。La Caixa银行的大部分ATM都有银联标识，还可选中文菜单。取现手续费由银联借记卡的发卡银行定，一般在0.5%～1.5%之间。境外使用银联卡在ATM上取款，银联借记卡单卡每日累计取款不超过1万元人民币的等值外币，如果要取得多，得关注一下汇率，以免超过每天的限额。目前，平安银行的借记卡不收手续费，华夏银行的借记卡每天取现前3笔不收手续费。

机票

去西班牙旅行，飞机票是必须要提前考虑的问题。一般来说直飞比转机贵，旅游旺季比淡季贵，订单程的比往返的贵，临时购买会比提前预订贵。如果你的行程比较固定，就可以提前预订机票并购买往返机票，这样能省下不少费用。如果你的时间比较充裕，可以考虑转机。你可以先乘汉沙航空到法兰克福，然后再乘飞机去西班牙。一般来说欧洲内部的航空都是非常便宜的。如果直航的话，阿联酋航空、俄罗斯航空都比较便宜。中国的国航、东方航空等提供中文服务，也是不错的选择。

前往西班牙的航空公司资讯

航空公司	订票地址	订票电话	网站
中国国际航空公司	北京市朝阳区东三环北路甲2号京信大厦西南配楼一层	在中国大陆拨打：95583 在西班牙拨打00-800-86-100-999（仅供座机）	www.airchina.com.cn
	江苏省南京市玄武区黄埔路2号黄埔大厦1层		
	广州市越华路118号军供大厦南座首层		
俄罗斯航空	在网上或者在大多数机票代售点都可以购买该公司的机票	在中国北方拨打：108-007330-039，在中国南方拨打：108-003-300-034	www.aeroflot.ru/cms/zh/

● 购买机票

　　自己订票可以到售票窗口，也可以到各大航空公司的网站预订。对于有孩子的乘客来说，如果没时间去售票窗口，那么在网上购票是不错的选择。可以先在网上（如matrix.itasoftware.com）查一下票价的大概范围，然后到相应的航空公司网站查询、预订。

　　除了在航空公司的官网购买机票，还可以在一些旅游网站、机票代理网站，以及专门出售特价机票的网站或中介预订机票，这些网站有中文服务，售后服务

也都很可靠，已然成为很多游客出行预订机票和酒店的首选。推荐的网站有携程网、艺龙网、京飞网、纵横天地旅行网、去哪儿网等。在这些网站经常刷票，有时能买到2折到3折的机票。

购买便宜机票的网站

航空公司	订票地址	网站
欧洲在线机票	www.abctravel.de	洲际航班特价，也有俄罗斯航空特价
Cheapflights	www.cheaptickets.de	美洲及欧洲廉价航空机票的比价网
Bravofly	www.bravofly.com	有提前一两周或者提前1到5天以及紧急出发的特价票
BudgetAir	www.budgetair.co.uk	欧洲特价票
Wegolo	www.wegolo.com	提供欧洲所有廉价航空机票订购，包括56家欧盟和美洲中东注册的廉价航空公司
乌克兰航空（Ukraine International Airlines）	www.etihadairways.com	有欧洲内部和欧洲飞中国的特价票

买机票时的注意事项

1.注册输入的真实姓名要和身份证上的一致。

2.在付款时，最好是选用信用卡支付，减少支票等支付方式。但也要防止信用卡被盗用。

3.你要留下好用的电子邮箱。划账成功后，在网页上就会显示你的订票信息（同时也会发送到你的邮箱中），你最好打印出来（最差也要记得预订号码）。

4.旅客可以在订票当日或次日到航空公司的网站再次核对有关信息。此时，应该在比较明显的位置看到"已出票（Ticketed）"的字样；旅客也可以致电航空公司确认是否已经出票。

5.在航班起飞之前3～5日，应该再次核对、确认。确认机票后，就可以打印电子机票（Electronic Ticket），凭借它可以到机场柜台报到，而不需要真正的机票。

带孩子乘坐飞机的注意事项

怎样度过飞机上的时间：等飞机一旦开始稳步飞行后，你们就可以来玩圣诞老人的游戏了。每隔1小时左右，给孩子一个礼物让他打开。这个礼物不必特别新奇或者昂贵，可以是书、零食或小贴画，不过最好是孩子以前没有见过的，这样他感兴趣的时间会比较长。当然了，如果能来点创意那就更好了。机上的防吐纸袋，用彩笔画一画就能当玩偶。

重要的是，一定要让孩子觉得开心。在飞机起飞和降落的时候，跟他说说窗外的风景，努力做些让他觉得高兴的事情。当然了，孩子早晚都会想离开座位走一走。如果过道上没有障碍，要求系安全带的灯也灭了，那你完全可以带他转一转，说不定他还能碰上同龄的小朋友呢。

起飞起降时的耳膜问题：飞机起飞和降落时虽然会对耳朵造成压力，但是不会损伤耳膜的，只是孩子会感到不舒服，尤其小宝宝，可能会因此而哭闹。其实孩子哭闹反而是一种缓解飞行压力的自我调节。另外这个时候可以让孩子吃些东西，用吞咽的动作来减轻压力，你也可以和孩子一起互相扮鬼脸，打个哈欠，会让孩子的面部肌肉拉长，并活动下巴，大人也可用这种方式来缓解压力。

住宿

西班牙的住宿地多种多样，有从豪华型、五星级到一星级的标准旅馆，也有简单普通的旅店和客栈，还有住家式的套间客房以及家庭旅馆等。如果想要住得舒服一些，可以住星级酒店，想要经济实惠一些的有家庭旅馆和青年旅舍可以选择，此外，西班牙还有用以前的老房子、古堡改建而成的旅馆，里面布置得很舒适，而且充满独特的西班牙气氛，很值得去住一晚。

西班牙旅馆租金较贵，要根据自己的实际情况做好预算。一般来说，五星级酒店为200～300欧元，四星级酒店为100～200欧元，三星级酒店为60～100欧元，二星或无星级酒店为60欧元以下，青年旅舍约14欧元。旅游旺季时，各种住宿地都会有所上涨。在西班牙住旅馆，每天需付小费，否则会认为你没有教养，小费一般为消费金额的5%～10%。

● 星级酒店

星级酒店一般是指一至五级的酒店，规模比较大、服务比较好的酒店星级就会比较高。较高星级的酒店一般都会有24小时的柜台服务，有的还提供洗衣服、代订行程、出售邮票等服务，在柜台订酒店时就可以向柜台服务人员询问清楚。一般在较高星级的酒店住宿都要给小费，特别是服务员给你搬行李要给小费。

● 国营古堡酒店

国营古堡酒店（Paradores de Turismo）是西班牙特有的一种酒店，大部分建在具有历史价值的建筑物里或自然景色秀丽的乡间。在这些酒店里既能品尝到当地的美味佳肴，也能更好地融入当地氛围之中。

国营古堡酒店优惠信息		
信息	**备注**	
价格	双人标准间的价格一般在100～160欧元	
五夜卡	售价513.6欧元（含税），可以选择任意国营古堡酒店住宿5夜。在马德里的总预订处和各酒店中都能买到	
国营古堡酒店总预订处	地址	Requena, 3. Madrid
	电话	091-8940836
	网址	www.parador.es

● 公寓

一家人带孩子到西班牙旅行的话，租住整套的公寓是很理想的，只是这样的地方大多都有租住时间限制，比较适合在西班牙待的时间较长的旅行者。一般双人公寓套房70欧元一晚。公寓内的各种设施、包括床、衣柜、桌椅板凳、厨房用具、暖气、微波炉、烤箱、洗衣机和电冰箱等都一应俱全。你还可以在公寓里做饭，体验当地人的生活。

●家庭旅馆

家庭旅馆就是平常说的民宿，这些旅馆一般会提供早餐，但是也需要你向主人询问清楚。这种旅馆的房间比较少，而且晚上会有门禁的时间。如果你回来晚了，可能就进不去了，有的旅馆主人会给你一把钥匙，那你就不用担心门禁了。入住家庭旅馆会让人感觉到很温馨，住宿费价格每天20～25欧元。

●青年旅舍

青年旅舍条件比较好而且价格比较便宜，但西班牙的青年旅舍数量不太多，很多都不包早餐，提供早餐的会贵一点点，在入住时可以询问工作人员。在青年旅舍中4人间居多，卫生间、厨房等设施是共用的。带孩子出行，如果选择青年施舍，一定要找条件比较好的。

●经济型旅馆

西班牙经济型的旅馆比较多，这对于预算稍紧张的人来讲，也是一个不错的选择。经济型旅馆一般情况下房间都干净整洁，旅馆内的配备设施也相对齐全。这类旅馆在节假日或旅游高峰期的时候房位也比较紧张，建议还是提前在网上预订。

门票

西班牙一些景点的门票很便宜，公园一般都是免费的。娱乐性的场所收费要贵一些，但是收费都很合理。西班牙很多景点有很多种灵活收费的优惠条件，比如儿童按照不同年龄享受不同的优惠，博物馆等场所每个月有一两天免费参观日。在一些大城市会针对经典景点组合成优惠票，通常会让游客享受半价优惠。

在出行前，建议父母和孩子商量将去哪些景点游玩，选好景点后，到其官网上了解票价优惠的情况，然后提前订票，再把订票的信息保存为电子版，并打印一份，到了当地后，省去排队买票的辛苦。如果觉得到官网订票比较麻烦，也可以到代理网站上寻找西班牙各景点门票的信息。

预订门票常用的代理网站			
网站名称	网址	网站名称	网址
途牛网	www.tuniu.com	携程网	www.ctrip.com
艺龙网	www.elong.com	澳乐网	www.aoliday.com
穷游网	www.qyer.com	同程网	www.ly.com

行李

出行前准备行李是很多父母头疼的事情。既担心少带了物品在旅途中不方便，又害怕带的行李过多乘坐飞机不方便。带着孩子出行，更要多备几件换洗衣物，还要带着孩子的少量玩具，甚至几本书。折叠衣服也要掌握技巧，并且把物品用防水袋包装起来，尽可能减少行李的空间，这些都要费点工夫。不如带着孩子按照下图来准备行李。

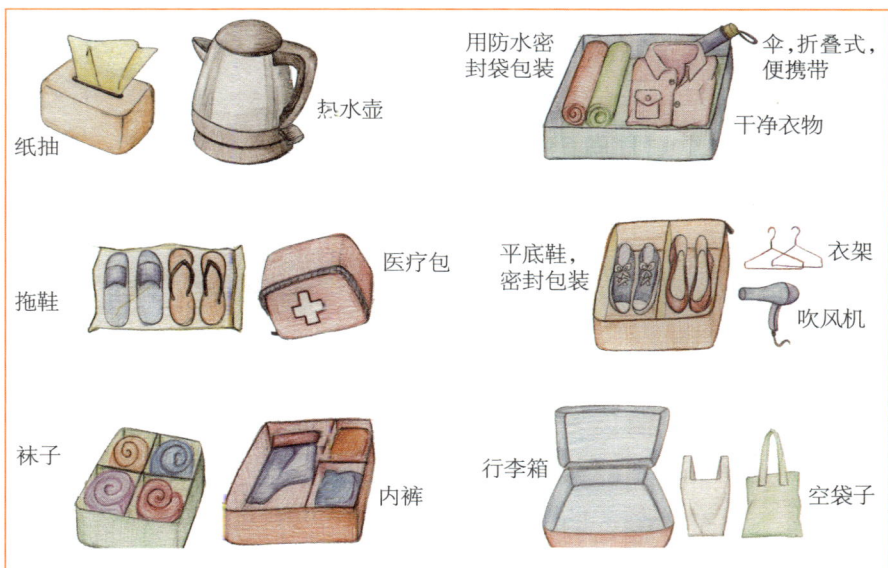

纸抽　热水壶　用防水密封袋包装　伞，折叠式，便携带　干净衣物
拖鞋　医疗包　平底鞋，密封包装　衣架　吹风机
袜子　内裤　行李箱　空袋子

● 行李清单

一家人出行，登机前通常都会携带1个大行李箱（托运，去前最好有1/3的空间放礼品）、2个大背包/登机箱、1个孩子拎的行李箱，才够供一家人游玩使用，将这些物品分门别类放在相应的防水包（防水包一侧为透明，供区分）里，并留两三个空防水包，然后装进行李箱中，方便取用，且避免了干净衣物与换下衣服混装带来的烦恼。

位置	分类	物品明细	数量	位置	分类	物品明细	数量
孩子背包/登机箱	玩具	魔方/拼图	若干	孩子背包/登机箱	必备品	防丢手环	1个
		赛车/毛绒类	若干			无游戏手机	1部
		彩铅和画本	若干	孩子身上、衣兜	安全（见专题）	父母资讯卡	2张置不同处
		日记本	1个			10欧元现金	至少2张
大行李箱	衣服	贴身衣裤	3套/人	母亲背包/登机箱	卫生用品	湿巾	1包
		游泳套装	1套/人			手帕纸巾	2包
		袜子	3双/人		零食	薯片类	2包
		当季服装	3套/人			话梅类	1包
						方便面类	3包
		雨伞/雨披	1个/人			水果类	3个（下机前吃完）
		拖鞋	1双/人		钱包	双币储蓄卡	1张
		备用平底鞋	1双/人			小额欧元现金	20张
	洗漱用品	盥洗包	1套/人		杂	空保温杯	2个
		毛巾	1条/人			西班牙地图	1张
		浴巾	1条/人			纸笔	1套
		梳子	1把		文件类	证件照片	2张/人
		化妆品	1套			护照原件	1个/人
	药物	晕车药	1瓶			行程表	1份
		退烧药	1瓶			紧急联系人名单	1份
		防蚊液	1瓶			预订信息打印件	1份
		个人必用药	酌情	父亲背包/登机箱	电子产品类	iPad	1个
		创可贴	1盒			电脑	1个
	电子配件	多孔插线板	1个			相机	1部
		电源转换插头	1个		钱包	多种面额欧元现金	20张
		手机电源线	各1个			双币信用卡	1张
		电脑电源线（视个人情况）	1个		杂	书	1本
		相机电源线	1个		文件类	复印件	各2份
		三脚架	1个			U盘	各备1份

3口之家游西班牙的行李清单（7天管够示例）

1.关于打包大行李有个诀窍，衣服不要一件件叠好放在行李箱中，很浪费空间；可以把衣服卷成长长的卷状，圆筒形状的衣服不浪费空间，而且可以塞在死角的地方。缺点是衣服拿出来可能会有点皱皱的。

2.大一些的孩子喜欢选择一些玩具自己装起来带走，你应该给他们限定玩具的尺寸、数量和类型。只带些能在孩子的背包和手提箱子里装得下的玩具。

3.简单地为一些专门的物品指定专门的包装袋。如果你和孩子共用同一个箱子，把孩子的衣服放在上面，这样容易寻找。

4.用帆布旅行袋装孩子的衣物和玩具，这样的旅行袋很容易放在汽车里、后备厢里和绑在车顶上的行李架上。尼龙帆布袋里可以放湿尿布和脏尿布，因为它防水不漏，同样也适于放湿衣服和洗澡用具。

5.在个人的枕头、毯子以及玩具上钉上每个人的名片，这样就是丢了也有人会送回来。

6.带一些电源插座的盖子和锁箱子的锁，如果你住的地方插座上没有防止孩子乱摸的装置，就用得着了。

● 主要承运航空公司关于行李的规定

携带的行李能否都能够免费托运也是很多游客关心的问题，通常小于登机箱的行李，每个乘客可以携带一个登机。孩子可以携带较小的行李箱，但是要注意行李箱中不要有仿真玩具枪、枪型打火机及其他各种带有攻击性的武器，不然会被没收。

中国至西班牙主要航空公司的国际运输行李规定				
航空公司名称	托运行李			经济舱手提行李
	重量	长、宽、高三边和	其他规定	
中国国际航空	头等舱客票40千克，公务舱客票30千克，经济舱客票20千克	每件行李长、宽、高不得超过100厘米、60厘米、40厘米	行李箱内外写上乘客姓名及电话，行李最好能上锁，行李周围不能捆绑其他物品	1件/人，每件重量小于5千克，长、宽、高分别不超过55厘米、40厘米、20厘米
俄罗斯航空	商务舱单件不超过32千克，舒适舱单件不超过23千克，经济舱单件不超过23千克	长宽高三边之和不超过158厘米	如果乘客行李总重（包括随身携带行李）不超过10千克，则行李件数不限	1件/人，每件重量不超过10千克，长宽高三边之和不超过115厘米

通讯

中国的手机大都可以在西班牙使用，但需在当地购买Movistar、Yoigo等公司的SIM卡并充值才能正常通讯。话费充值卡可以在大部分街边的便利店买到。路边的公共电话，可以使用硬币和电话卡（国家电话公司发行的Tarjetas telefónicas卡，一般在邮局和烟草店即有售）。

● 开通国际漫游

如果不打算到西班牙当地买电话卡的话，在出发前1周时间可以将自己的手机开通国际漫游业务，最好先关掉手机的语音信箱功能，否则一进入语音信箱，即开始计算漫游费用。中国手机开通国际漫游的具体资费，可拨打各运营商的客服电话进行咨询。

国际漫游资费详情（单位：元/分钟）							
运营商	拨打西班牙本地电话	拨打中国大陆电话	在西班牙接听电话	发中国大陆短信	GPRS漫游	客服电话	网址
中国移动	0.99	1.99	1.99	0.39/条	6元/3MB	10086	www.10086.cn
中国联通	1.86	2.86	1.86	0.86/条	5元/3MB·天	10010	www.10010.com
中国电信	2.99	1.99	1.99	1.29/条	0.01元/KB	10000	www.10000.com

● 购买电话卡

西班牙人酷爱手机，所以大街小巷都可以看到红色的Vodafone店、蓝色的Movistar店和黑色、橘黄色的Orange店，在这些店里都可以买到SIM卡和充值卡。购买时需要提供护照ID，但手续非常简单。

西班牙主要的通讯运营商有Vodafone、Movistar、Orange。前两家公司为西班牙最大的通讯公司，所以资费较贵，而且多有变动，可在其官网上进行查询。

电话卡:

Jazz panda卡:在马德里的路边你可以看到像是国内的那种长途电话吧的小店,可以在这里买各种电话卡。手机从西班牙拨往中国可通话193分钟,售价5欧元。

Fortune卡:国家电话公司发行的电话卡中,Fortune卡最为划算,即每张10欧元,可通话500分钟。

● 拨打电话方法必知

在西班牙拨打西班牙国内电话:不需要加拨长途区号或任何附加码,可直接输入9位西班牙电话号码。在西班牙拨打国际长途:需拨:00 + 国家代码(+区号)+ 电话号码,例如拨打中国北京固定电话:00+86+10★★★★★★★★。

APP

现如今,手机、平板电脑等已经成为游客出行常用的工具。在游玩期间,如果能有一个软件可以拍照翻译、能有一个软件提供导航、能有一个软件提供攻略查询等,那么出行将会更加的顺利。在准备去西班牙前,下载一些有关西班牙旅行的APP软件非常有必要,这已经成为很多出境游游客的习惯。

● 西班牙葡萄牙旅游大全

“西班牙葡萄牙旅游大全”是一个介绍西班牙和葡萄牙的旅游资讯终端,定位于游客赴西班牙旅游的全行程,共收录100多个著名目的地的4000多个景点。其还提供美食、购物、娱乐方面资讯,这款软件对各类资讯进行项目分类并使用文字介绍、图像和图表等方式,让你轻轻松松游遍西班牙。

■ 大小:33.4M　　■ 支持机型:iPhone手机

旅游宝典

西班牙 + 葡萄牙

国家选择

西班牙 >

葡萄牙 >

马耳他 >

安道尔公国 >

● 谷歌翻译

谷歌翻译（Google Translate）可以翻译成60多种语言的字词和短语。对于大多数语言可以直接读出短语，然后便可听到相应的语音翻译。只需游客把要去的国家的翻译结果加上星标，这样即使在离线状态下也能查询历史翻译结果。在西班牙，谷歌的服务非常稳定快速。

■ 大小：3.4MB　　■ 支持机型：iPhone手机、iPad、iPod Touch；安卓手机

● Imoney

Imoney是非常实用的计算汇率的工具，解决了一种货币同时兑换为多种货币的计算问题，在西班牙有了这个工具把关，能让游客计算得更清楚些，非常方便逛商场购物时使用。该应用有32种常用货币换算，操作简单到妇孺皆能学会。

■ 大小：3.7MB　　■ 支持机型：iPhone手机、iPad、iPod Touch

● Read for Me!

出国旅行时，识别路牌、菜单、打折信息等总是不小的难题，可能连打字都无从下手，更别提翻译。现在有一款流行于欧美的革命性手机应用Read for Me! 其可通过拍摄照片直接翻译。这款软件能识别30种文字，并能翻译成36种语言，还提供18种语言的发音功能，非常实用。

■ 大小：8.0MB　　■ 支持：iPhone手机、安卓手机

● Wi-Fi Finder

我们早就养成了有免费Wi-Fi绝不用自己流量的好习惯。那么装上Wi-Fi Finder就可以在全球144个国家和地区找到超过65万个Wi-Fi热点了。配合GPS功能，不管你在哪个国家哪个城市，都可以迅速找到附近的无线热点，方便你随时上传朋友圈，是不是很酷？

■ 大小：7.2MB　　■ 支持：iPhone手机、iPad、iPod Touch；安卓手机

● 西班牙语助手

"西班牙语助手"拥有与桌面版相同容量的词库，包括了西汉–汉西词典、

西班牙语近义词词典、西班牙语专业词典以及庞大词库。你可以使用"西班牙语助手"附带的词库编辑器制作自己的词库，还可以免费下载更多的扩充词库。其拥有强大的学习功能、体贴的操作方式，而且还有西班牙语单词真人发音，还可以智能Accent纠正，解决西班牙语字符输入问题。

■ **大小：**6.83MB　　■ **支持：**iPhone手机、iPad、iPod Touch；安卓手机

保险

　　申根国家之外的其他国家在出发前一周办理保险即可，但是申根国家有所不同，提交旅游医疗保险是签发申根签证的基本前提，西班牙是申根国家，所以在办理签证之前需要办好旅游保险。以下是对旅游医疗保险的一些具体要求。

旅游医疗保险要求	
要求	**说明**
地域	旅游医疗保险需要在所有申根国家有效
时间	旅游医疗保险必须覆盖整个逗留期
	由于时差的原因，建议购买的截止日期至少超出预计离开申根区的日期1天
	如在购买保险时还不确定旅行日期，也可购买一定时间段内有效的一定天数（如2015年1月1日至2015年6月30日期间入境后30天有效）的医疗保险。一些保险公司提供这种灵活的保险服务
保险金额	旅游医疗保险的保险金额不得低于30000欧元
保险内容	旅游医疗保险必须包括由于生病可能送返回国的费用及急救和紧急住院费用
	对明显容易生病、有明显病史或者已怀孕的申请人，须对投保的数额提出更高的理赔要求或额外购买相应的保险理赔项目
办理地	旅游医疗保险可由签证申请人在其居住国办理或由邀请人在旅游目的国办理
	若保险公司的总部不在申根区，那么该保险公司必须在申根区内有联络处且能够受理索赔申请
其他	如果旅行以就医为目的，除提交旅行医疗保险外，还必须另行提交就医治疗费用的承担证明

● 选择可靠的保险公司

国内有不少可靠的保险公司，游客办理保险的手续很简单，可以直接到相关旅行社办理所有的保险手续，或直接到机场投保以及到保险公司购买。父母应当根据家庭的需求来选择合适的境外旅游保险。平安保险、人寿保险、太平洋保险、泰康人寿保险等都是值得信赖的保险公司。不过，无论选择何家保险公司，一定要选择适合自己境外旅行的险种。

常用保险公司	
网站名	网址
平安人寿保险	www.life.pingan.com
中国人寿保险	www.e-chinalife.com
太平洋保险	www.ecpic.com.cn
泰康人寿保险	www.taikang.com

潮爸辣妈提示

1.投保时认真了解紧急救援服务的内容及提供此项服务的境外救援公司的服务水平，包括境外救援公司在全世界的机构网点情况，在旅游目的地的服务状况。

2.在境外突发疾病或意外，需要大笔医疗费用支出时，人性化的医疗垫付功能显得尤为重要，父母应该了解遇到紧急情况时应该拨打的救援电话，保险公司可以垫付的医疗费用等。

3.由于在旅游过程中，信用卡的使用频率较高，如果额度比较大的话，建议单独加入保险，只要向旅游代理公司咨询，他们会提供合理的加入保险的方法。

要让孩子牢记的安全知识

当父母带孩子出门旅游时，风险来自四面八方，有些孩子甚至喜欢主动探险，让父母防不胜防。作为父母，应该预想出很多安全隐患，告诉孩子遇到危险时应该怎么办，让孩子牢记一些安全知识，还是很有必要的。

● 孩子交通出行安全常识

和孩子外出旅游首先要注意交通安全。要让孩子了解各种交通工具的安全须知，父母在上下车拥挤时一定要看护好孩子，以防孩子被挤伤或碰伤。在卧铺车厢的父母一定要告诉孩子不要在铺位边的小梯子上爬上爬下，更不要在相邻的上铺、中铺之间跨来跨去，以免不留神摔伤。下面就来详细介绍一下交通安全。

1.危险随时可能发生，儿童乘车必须坚持使用儿童安全座椅。

2.乘车时，车上所有的人，包括孩子，都必须系上安全带。

3.长途驾车行驶时，每两个小时要休息一下，以免孩子烦躁哭闹。

4.乘坐公共交通时，不要让孩子靠近打开的车窗，他可能把胳膊伸出窗外造成危险，也可能抛出物品伤害他人。

5.永远也不要把孩子单独留在车里。

6.教会孩子一旦被反锁在车里，要学会以尖叫或大喊的方式报警。

7.孩子在车里和汽车周围玩耍都是不安全的，警告孩子不要这样做。要让孩子明白汽车不是玩具，并让他们懂得危险性。

8.确保全部汽车钥匙随时远离孩子的视线。

9.父母带孩子出门，要记得拉着孩子的手，对于6岁左右的孩子建议在手腕上拴牵引绳索。

10.教育孩子无论是乘坐公共汽车还是其他交通工具，都应坐稳，不可在车厢内跑来跑去。

在西班牙游玩时，父母要告诉孩子不要将身体的一部分放进狭小的空间内，如将手指往瓶子口里插，将头伸进院墙栏杆的缝隙，以免被卡住。还要告诉孩子背心裤衩覆盖的地方不让别人碰，增强孩子的自我保护意识。在孩子的脖子上带一个哨子，遇到紧急状况吹哨，能逢凶化吉。

玩游戏时的安全你知道吗

秋千是孩子都爱玩的，但一定要事先叮嘱孩子，双手要始终抓牢秋千的绳索，不玩的时候，要等秋千完全停住了再下来。另外，要告诉孩子，经过秋千旁边时，一定要绕着走，不然会被荡起来的秋千撞到。

跷跷板也是孩子爱玩的，要记得告诉他们，如果不想玩了，先跟大人或对方说，否则一方下来了，另一方没有准备，很可能被狠狠地敦一下。先离开的孩子如果步子慢点儿，很可能被一下子跷起来的板子拍到。

环行飞机以及儿童过山车等大型娱乐设施，对孩子来说，非常惊险刺激。所以，在让孩子坐之前，一定要告诉他，千万不能中途站起来，也不能解开安全带。

危险来临时，奔跑吧，宝贝

当歹徒行凶等危险事情来临时，我们应该告诉孩子"跑！使劲地跑！"。要告诉所有的孩子，如果有坏人来势汹汹，手里拿着刀、枪或棍棒，要马上快跑，并大声呼救。向远离歹徒的方向跑，向有出口的地方跑，向有人的、人多的地方跑，同时大喊寻求帮助。如果出口被堵住或跑不掉，就想办法找地方藏起来，屏住呼吸，不发出声音，让歹徒找不到自己。

迷路时，你能勇敢地找到爸妈吗

要让孩子知道，不要随便告诉陌生人自己迷路了，更不要跟随陌生人到人少的地方或他家里去。如果感觉陌生人有恶意，要声明自己的父母就要附近，马上就会来，争取把他吓走；如果感觉自己无法摆脱陌生人的纠缠，可以乘其不备向人多的地方跑，并大声向别人诉说："我不认识他！他老缠着我！"。

要让孩子知道家人的电话号码，教会孩子怎样找到公用电话、怎样给爸妈打电话。在儿童身上放一张家长联系卡，联系卡写上儿童及家长的姓名、住址、联系电话，放在儿童的衣服口袋里，万一和儿童走散了，可以让别人尽快地帮他找到家长。

如果是在商店里与爸爸妈妈走散了，不要离开商店，先在原地等一会儿，如果还不见爸妈找来，就请商店职员帮忙找到广播室，说清爸爸妈妈和自己的名字，利用广播找到家人。

在路上

当你准备踏上行程时，是不是内心充满了期待和担心，如果孩子身体不适怎么办，孩子吃不惯当地食物怎么办……提前想到路上可能发生的问题，然后找到相应的应对办法，才能在西班牙轻松购物、愉快玩耍、享受美食，让行程变得充实和有趣。

出入境

出入境是进出西班牙非常重要的环节，掌握一定的出入境技巧非常重要。大多数情况下，从中国出境及返回进入中国边境，都可以通过询问的办法获得指导。而从西班牙出境和进入西班牙边境，都需要提前了解基本的步骤，避免忘记退税、过不了安检、遗落物品等情况出现。

● 进入西班牙边境的步骤

对于带孩子的游客，乘飞机到达西班牙后，对于入境手续可能会感到比较困难，只要你不慌张，按照一定的指示和步骤，就很容易通过的。

西班牙入境流程图

填入境登记卡	入境检查	领取行李	过海关检查	出机场
前往西班牙的游客在入境航班上会收到航空公司代为发放的入境登记卡，可提前在航班上填写姓名、护照信息、家庭住址、航班号、逗留时间等内容并签字，也可在落地后现场填写，建议均使用英文大写字母填写。游客持填写好的入境登记卡及护照、有效的酒店预订单、返程机票即可通过西班牙边防入境	在下飞机之后，跟随"Arrivals"标志牌走，除非你在同一机场转机。"Arrivals"会指引你到入境检查处（Immigration Control）。办理入境手续时，移民官会问一些简单问题，如你从何处来、在西班牙亲属等情况。之后移民官将在护照上盖章，并告诉你可在西班牙停留多久	通过入境检查后，你就可以去领取行李。根据电子显示屏上的航班号码，你的行李会在相应的传送带上（这些程序和国内的航班一样）。如果发现行李不齐，立即与你乘坐的航空公司在机场的办事处联系	把报关单拿在手中，并交给门口的海关官员。一般来说，西班牙海关很少检查入境旅客携带的物品，但有时会对一些旅客携带的物品进行抽查。建议在出行时最好使用普通旅行箱，避免使用纸箱、编织袋等包装物（容易引起注意）	通过海关检查出关后，就可以出机场了。建议先去机场的咨询服务处（Airport Information Booth）或游客协助处（Travelers Aid Booth）资讯旅游事项，也可以在这些地方领取当地市区的地图、公交车地图及时刻表等

●从西班牙机场离境步骤

西班牙的出境程序与入境时差不多，但也有需要注意很多方面。离境时的机票已经包含机场税，所以不用再缴纳机场税了。对于带孩子的父母来说，在离境前的72小时内，要给航空公司打电话确认航班信息，最好在去机场之前再确认一遍。也可以向航空公司服务处咨询到达机场办理登机手续的最佳时间，以确保留出充足的时间抵达机场。

西班牙离境流程图

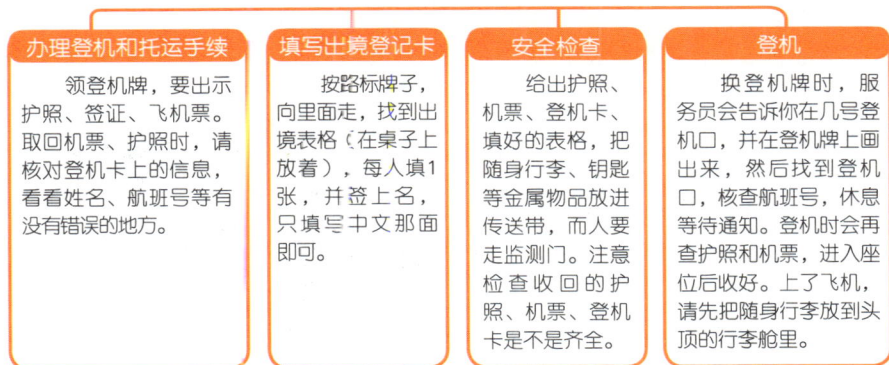

办理登机和托运手续	填写出境登记卡	安全检查	登机
领登机牌，要出示护照、签证、飞机票。取回机票、护照时，请核对登机卡上的信息，看看姓名、航班号等有没有错误的地方。	按路标牌子，向里面走，找到出境表格（在桌子上放着），每人填1张，并签上名，只填写中文那面即可。	给出护照、机票、登机卡、填好的表格，把随身行李、钥匙等金属物品放进传送带，而人要走监测门。注意检查收回的护照、机票、登机卡是不是齐全。	换登机牌时，服务员会告诉你在几号登机口，并在登机牌上画出来，然后找到登机口，核查航班号，休息等待通知。登机时会再查护照和机票，进入座位后好好。上了飞机，请先把随身行李放到头顶的行李舱里。

就餐

西班牙是美食家的天堂，每个地区都有自己的饮食文化。西班牙美食的食材颇为讲究，主要有大蒜、橄榄、乳酪、海鲜、红椒、杏仁、火腿和香肠等，这些食材都是西班牙菜肴里经常见到的，并且运用在诸多菜式上，使其菜肴品种繁多，口味独特。你可以和孩子在西班牙品尝到海鲜饭、鳕鱼、利比利亚火腿、虾、牡蛎、马德里肉汤等美食。

●马德里的著名美食地

马德里的各种肉类菜肴、海鲜等都做得非常美味，在马德里你可以吃到世界各地的美食，不仅有西班牙的Tapas小吃，还能吃到马德里肉汤、牛肚、大蒜浓汤、午餐、土豆煎蛋饼、烤海鲷等。

圣米盖尔市场是美食爱好者的汇聚地，在这里你可以和孩子吃到La Casa del Bacalao的传统腌鳕鱼，La Boucherie的欧洲肉品，Il Pastaio的新鲜面食，Jugosa的水果汁，还有Horno San Onofre的甜点，是美食家的天堂。当然这里也是一个热闹的吃Tapa小吃之地。

老虎餐吧：老虎餐吧（El Tigre）是马德里性价比很高的餐吧之一，进入后你可以根

据口味要啤酒或者苹果酒，随后店主会免费送给客人下酒的小菜Tapas，比如炸薯块、火腿、鸡蛋饼等，分量很足。这里是当地人推崇的店之一，经常人满为患，建议早点前来。

■ 地址：Infantas, 30 Chueca Madrid 28004 ■ 交通：搭乘地铁5号线到Chueca站或搭乘地铁2号线到Banco de España站 ■ 开放时间：周一至周六11:00至1:30，周日关闭 ■ 电话：091-5320072

La Romana冰激凌店：La Romana冰激凌店是马德里最受欢迎的冰激凌店之一，全市有很多家分店。这家意大利手工冰激凌店提供多种口味的冰激凌，还有不太常见的粉红葡萄柚、青苹果等味道，所选食材都是天然有机的，这家店还有为乳糖不耐症的人专门制作的冰激凌和蛋糕。La Romana

也设有露天吧台，可以在店外享受冰淇淋。

■ 地址：Paseo de La Habana, 27 Santiago Bernabéu Madrid 28003 ■ 交通：搭乘地铁10号线到Santiago Bernabéu ■ 网址：www.gelateriaromana.com ■ 开放时间：周一至周日11:00～24:00 ■ 电话：091-7048334

●巴塞罗那的著名美食地

从缤纷多彩的博盖利亚菜市场到装潢精致的地中海餐厅，从变化万千的Tapas到用料考究的海鲜饭，巴塞罗那的美食让你眼花缭乱。另外路边卖的华夫饼也是非常值得尝试的，香味能勾引得你口水直流。

海鲜饭：如果你想吃到号称整个巴塞罗那最好吃的海鲜饭，那就来La Fondadel Port Olympic吧！它的老店位于热闹的兰布拉大道一侧，人气十足，经常排着长队，以出色的美味、舒适的环境和适中的价位而著称。La Fonda的海鲜分为两种做法，即Grilled or Fisherman style，前者是直接烤，口味清爽鲜美；后者叫"渔夫式"，是用加了西红柿、葡萄酒、大蒜的浓汤煮制，口感更厚重些。

地址：Calle Moll de Gregal, 7~10, 08005 Barcelona

Tapas：巴塞罗那是Tapas美食集中地，位于格伦西亚大街44号（Passeigde Gracia44）的Tapas总店与著名的米拉之家、巴特罗之家相隔不远。现代风格的店堂里，长长的玻璃餐吧中陈列着50多种菜品，令人眼花缭乱。

● 科尔多瓦的著名美食地

科尔多瓦的林地出产上好的牛肉和猪肉，肥沃的河谷则种植着味道甜美的蔬菜，厨师就用这些当地农产品烹制出美味佳肴，比如乳猪和炖牛尾。

科尔多瓦附近的蒙的亚·莫利莱斯是安达卢西亚4个法定等级葡萄酒产区之一，这里的葡萄酒也很出名。在餐厅点一瓶不错的蒙蒂勒白葡萄酒（又称孟迪尔白葡萄酒）不过10欧元。

海鲜烩饭：这是西班牙的国菜之一，这种海鲜烩饭使用一种名为"Paella"的分格平底锅，每一个格子都会在事先准备好的汤料里加入米饭、海鲜，以及不同的肉类和蔬菜。在科尔多瓦的Pizarro Taberna这家餐厅将Paella锅的分格演绎到了极致，最多支持8格不同种类的烩饭，最受欢迎的是牛尾烩饭。

科尔多瓦蔬菜凉汤：这是科尔多瓦当地最著名的菜肴，如果你想品尝这种美味，那就来Salmorejeria Umami吧，甜味或者咸辣味的西班牙冷菜汤，那深红的色泽和轻柔的口感绝对会让你邂逅意外的惊喜。餐厅内从传统的西班牙菜肴到后现代的地中海风味，总有一款会让你陶醉。地址：Calle Blanco Belmonte 6, 14003 Cordoba。

购物

去西班牙，购物是必不可少的，西班牙的大型购物中心和百货公司大多是本国、法国和德国等的连锁店。西班牙本土的传统货物有皮革制品及一些金银器具和珠宝很值得你去赊买。游客可以在各个城市中的大广场集市、露天市场甚至是旧货市场中"淘"到价廉物美的精致物品，带回家去无论是自己留着用还是馈赠亲友都是很体面的。

● 西班牙必买购物清单

去西班牙旅游，购物是西班牙旅游的一段重要行程。除了给孩子买些玩具、衣服等，当你看到皮革制品及一些金银器具和珠宝时，也会心痒难耐吧。此外，西班牙有些比较出色的时装设计师，他们大多有自己的门店，去这些店里看看，即使买不起，也可以了解世界最新的服装潮流。

在西班牙购物买这些	
商品类型	**详情**
橄榄油	夏热冬冷、日夜悬殊的温差，加之强烈的日晒与干燥气候是橄榄树绝佳的生长环境，无怪乎使西班牙成为橄榄油生产的大国
雪利酒	安达路西亚省出产的雪利酒（sherry）是西班牙一大名品。雪利酒是用葡萄酿造，但一般比葡萄酒甜，为西班牙南方的特产
葡萄酒	葡萄酒不仅仅是法国的特产，西班牙同样也出产上好的葡萄酒
利比里亚火腿	利比里亚火腿是西班牙人引以为豪的特产，它的味道咸鲜合一，入口后令人唇齿生香，是许多西班牙菜肴中不可或缺的配料
斗牛海报	但凡是斗牛城市的纪念品店都会有斗牛海报，可以选择自己喜爱的图配上自己想要的日期，带回国也十分方便。老版的斗牛海报，风格上来说很西班牙，很独一无二
法雅娃娃	纪念品店里，会经常看到各种各样的法雅娃娃，有塑料的、手绘的、陶制的，精致又俏皮可爱
弗拉门戈服饰	在弗拉门戈舞的盛行地，弗拉门戈服饰也非常多，各种颜色和款式的衣服令人爱不释手
弗拉门戈纪念品	安达卢西亚有很多弗拉门戈表演用的东西在纪念品店里面出售，打节拍的响指、弗拉门戈女郎的冰箱贴等，既经济又有南部风情
皮革制品	皮革与皮革制品是西班牙享有国际的另一类优势产品。科尔多瓦印花皮革和鞣制皮革的加工技艺已有数百年的历史

了解西班牙的打折季

　　西班牙与大多数的欧洲国家一样，一年有2个打折季，分别是夏季和冬季。夏季的打折是时间一般是从7月1日开始直到8月底结束，而冬季的打折时间则是以圣诞节为中心，一般从1月份第2个星期开始直到2月底结束。

●西班牙主要免税店看这里

　　西班牙机场的免税店是购物必去之处，再加上它这里的东西非常丰富，绝对能够让你满载而归。

西班牙人气免税店			
地区	免税店名称	地址	介绍
马德里	Iñaki Sampedro	Calle Seminario, 36, 07760 Ciutadella de Menorca, Balearic Islands	Iñaki Sampedro立足于西班牙，同时从拉美、亚洲汲取灵感，将传统与创新融合，创造出独特的手袋和配饰
	Centro Comercial ABC Serrano	Calle de Serrano, 61, 28006 Madrid	里面集合了许多精品店，3楼并没有餐馆，是俯瞰马德里的绝好场所
	La Vaguada	Avenida Monforte de Lemos, 36, 28029 Madrid	La Vaguada属于购物休闲中心，既有平民化的商铺也有高档奢侈品店，中高档商品都有售卖，加上有影院，所以人气颇高
	Las Rozas Village	Calle Juan Ramón Jiménez, 3, 28232 Las Rozas, Madrid	在这里，你能够跟在其他购物村一样，买到各种国际一线奢侈品，全年四折
	Duty Free Store	马德里国际机场候机厅	以西班牙特色产品为主，部分商品在全欧洲机场里都是算低的，一些香水和化妆品比较适合购买
巴塞罗那	巴塞罗那机场免税店（Duty Free Store）	巴塞罗那机场一楼大厅	商品品类较为齐全，无论男女式商品、奢侈品，还是烟酒巧克力，一应俱全

● 在西班牙的退税资讯

在西班牙购物，只要你在同一个地方同一时间的购物金额超过了90.15欧元，就可以要求退回附加税（一般为商品金额的18%）。所以你在购物时，一旦达到退税规定的金额，一定要向商店、超市等地的工作人员索要购物凭证和免税卡（退税发票），此时是要出示护照的。然后在出境时，出示所购之物，由海关人员在退税发票上盖章（自购物日后3个月内都可以盖章），然后去退税服务台退税。可以领取现金，也可以让他们把退税金额打到你的信用卡上。著名退税公司在西班牙主要机场都有退税服务台。

娱乐

在西班牙最重要的娱乐活动就是看斗牛比赛，3～10月是西班牙的斗牛季节，每个周末，斗牛表演就隆重开场，你可以欣赏一下斗牛士的风采，同时你也可以尽情地享用各式美酒佳肴。弗拉门戈舞是西班牙的国粹，来到西班牙一定要欣赏地道的弗拉门戈舞表演。除此之外，观看演唱会或者是歌舞剧、滑雪、体验阿拉伯式浴场也是不容错过的娱乐活动。

● 观看弗拉门戈舞

弗拉门戈舞热情、奔放、优美、刚健，形象地体现了西班牙人民的民族气质，也表达吉卜赛姑娘爱恨情愁的最佳载体。这种舞蹈具有三大要素：伴奏、伴唱和舞蹈，表现主题多为上帝、女人、爱情等内容。在塞维利亚，有很多酒吧在晚上都有弗拉门戈舞的演出，这些时间都比较短，价格都比较实惠。当然也有非常专业的演出，但价格就有些昂贵了。如果你和孩子来到塞维利亚，一定要欣赏地道的弗拉门戈舞。

● 观看斗牛赛

斗牛是西班牙的国技，其历史可追溯至史前时代的牛崇拜以及壁画中。现在西班牙有300多个斗牛场，最大的是马德里的拉斯本塔斯斗牛场，可容纳2.5万人。每年3～10月是西班牙斗牛节，通常星期日和星期四为斗牛日。斗牛场面壮观，格斗惊心动魄，很有刺激性。目前斗牛在西班牙存在着很大争议，一部分人认为它是死亡、勇气和表演的艺术，反对者则认为这是一种残酷的屠杀和折磨，西班牙的部分地区（如巴塞罗那）已禁止斗牛运动。

● 欣赏歌舞剧

在西班牙，几乎每座城市至少有一所剧院，这些剧院可以演出格调很高的歌剧、歌舞剧或者古典音乐会，也会举办一些比较精彩的演唱会。7～8月炎炎的盛夏夜晚，西班牙多个城市会在古罗马剧场遗迹会上演戏剧，重现古老传统。其中以梅里达(Mérida)古典戏剧节、阿尔玛格罗(Almagro)国际戏剧节、巴塞罗那Grec戏剧节最为著名。在晚上带孩子看一场精彩的歌剧表演是一件非常惬意的事。

● 体验西班牙浴

阿拉伯文化对格拉纳达影响深远，浴场在阿拉伯文化中占有重要的一席之地，格拉纳达保留了很多阿拉伯式浴场。这里的浴场配有不同的温度的浴池，此外还配备了蒸汽房，提供按摩服务。当你和孩子玩累的话不妨去阿拉伯浴场泡个澡放松放松。

● 纳瓦拉乡村体验活动

纳瓦拉地区新兴的乡村体验"农家乐"活动（Actividades del agroturismo de Navarra）现在越来越受到游客们的欢迎，纳瓦拉区现在有近30间农舍提供这项服务，游客们除了吃住外，还可以和农场的小动物们来个亲密接触，学习如何种燕麦、收获农作物等。如果你想近距离与大自然接触，享受欧洲乡村的宁静与惬意，那就来参加纳瓦拉的乡村体验路线吧！

● 滑雪

　　加泰罗尼亚地区拥有很多滑雪场，并拥有欧洲最好的雪道。经验丰富的滑雪者可以在这里挑战超高难度的雪道，而普通人也可在此找到适合自己级别的雪道。运动累了可以到雪道旁边的餐厅补充一下体力。此外，滑雪场还有专门的滑雪学校，可报名参加相关课程。

小费

　　西班牙服务场所的收费大都包括了服务费在内，但在餐馆吃饭、住旅馆、乘出租车是一般要付小费的，小费多少由顾客自定，一般占消费的5%～10%。大部分西班牙餐馆都把服务费包含在最后的账单里，付账的时候可以看一下，小费是否写在最后，如果已经写入了，就不用付小费；如果没有包含的话，一般另付消费的10%～15%的小费。

禁忌

　　每个国家有各自的风俗习惯，由于文化的差异，西班牙有一些不同于我们日常生活的习俗。了解西班牙的一些风俗禁忌是必要的，这也是让你快速融入西班牙的一种途径。下面就罗列一二，提醒到西班牙游玩且带孩子的父母，不要疏忽大意，以免引起不必要的误会或笑话。

● 见面礼仪

　　西班牙人的见面礼节一般采取握手、亲吻和拥抱3种方式。两人初次相识边握手边问候，如对方无握手之意，可点头说"你好"致意。西班牙人的姓名常有三四节，前一二节为本人姓名，倒数第二节为父姓，最后一节为母姓，通常口头称呼称父姓。

● 做客之道

在西班牙做客，无论是熟人、朋友，还是亲属之间，都须事先约定。如果不经事先打招呼就贸然到主人家或办公室是一种失礼行为。西班牙有晚睡晚起的习惯，客人最好在上午10点后或下午2点后拜访。做客时，一般都不会准时到达，大多是晚10～15分钟，如迟到太多，是一种失礼行为。餐后，立刻离开是失礼的，待得太久也是失礼的。

● 西班牙扇语

西班牙当地妇女有"扇语"，如打开扇子，把脸的下部遮起来，意思是：我是爱你的，您喜欢我吗？若一会儿打开一会儿合上，则表示：我很想念你。因此初到西班牙的女性，如果不了解扇语，最好不要使用扇子。

● 婚礼礼仪

西班牙巴斯克人的婚礼沿袭着一套传统的习俗。人们习惯上认为星期二是"吉日"，因此婚礼一般选在这一天举行。结婚典礼要在教堂里按天主教教会规定的仪式进行，随后还要举办宴会和舞会。

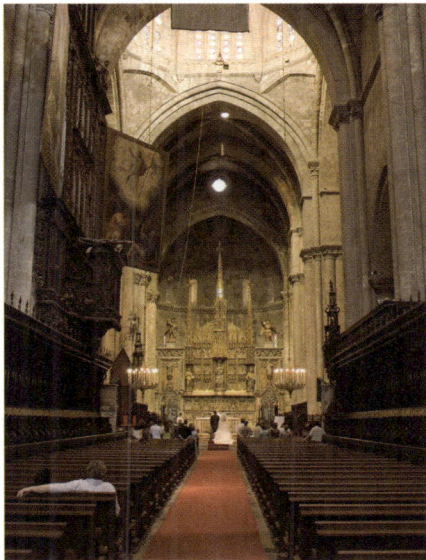

● 旅游礼仪

西班牙人性格开朗、热情、但容易激动，有时发生争吵是很正常的，他们对此已习以为常。西班牙人吃东西时，通常会礼貌地邀请周围的人一起分享，但这仅是一种礼仪上的表示，不要贸然接受，否则会被他们视为缺乏教养。

● 重要禁忌

在西班牙，不要对斗牛活动有非议，如果你对情况不了解，最好不要对斗牛活动发表任何意见。西班牙人忌讳送大丽花和菊花，只有在葬礼上才送菊花。送的时间也有讲究，每月的13日一般都不送花；送花时也不送13支，因为"13"这个数字西班牙人认为不吉利。

意外应对

出境旅游最怕的就是遇到突发事件，例如行李丢了、孩子水土不服、遇到小偷等，在人不生地不熟的情况下，由于语言不通，碰到意外情况比较麻烦。因此在外旅游，吃住行都该保持警惕心，不要粗心大意，出门检查东西是否带齐，在外看好行李等。最重要的是无论遇到什么事，都要冷静对待，寻找最佳解决方法。

● 意外伤害

孩子生性活泼好动，喜欢攀高、爬树、从高处向下跳等，这些都易于发生摔伤或坠落伤。而男孩好打闹、舞棍棒，模仿电视中的武打动作，以显示自己的"英雄本色"，非常容易发生意外伤害。下面就来介绍一下几种常见意外伤害的紧急处理。

擦伤

如果孩子不小心擦伤了，皮肤出现出血和破损，可用碘油、酒精（红药水）涂伤口周围的皮肤，用干净消毒纱布包扎好。如果没有碘酒、酒精，可用干净的水清洗伤口，然后涂上抗菌软膏，再贴上创可贴。如果擦伤面积太大，伤口上沾有无法自行清洗掉的沙粒、脏物，建议还是带孩子就医。

烫伤

及时用冷水冲洗烫伤。不要在伤处涂抹植物油或者其他油脂，容易引起感染。要用干净的棉布包裹伤口，如果伤口严重应立即去医院。

中暑

一旦发现宝宝有中暑的症状，你也不要惊慌，立即将宝宝移到通风、阴凉、干燥的地方，如走廊、树荫下，让宝宝仰卧，解开衣扣，脱去或松开衣服。如宝宝的衣服已被汗水湿透，应及时给宝宝更换干衣服，同时打开电扇或开空调，以便尽快散热，但风不要直接朝宝宝身上吹。也可用凉凉的湿毛巾冷敷宝宝头部，或给宝宝洗温水浴。在宝宝意识清醒前不要让其进食或喝水，意识清醒后可让宝宝饮服绿豆汤、淡盐水等解暑。

误服药物

如果误服的是副作用很小的一般性药物且剂量较少，可让孩子多饮凉开水，使药物稀释并及时从尿中排出。如果吃下的药物剂量大且副作用大（如误服避孕药、安眠药等），则应及时送往医院治疗，切忌延误时间。值得注意的是，在送往医院急救时，应将错吃的药物或药瓶带上，让医生了解情况，及时采取解毒措施。

● 其他意外

遇到小偷怎么办

　　西班牙的治安是比较好的，但也不免有一些不法分子，还是小心为上。西班牙的不法分子经常是以团伙作案为主，作案地点多在市中心旅游景点、火车站，或者飞机场、地下通道及旅馆的出口。他们经常装扮成观光客，手中拿着地图问方向；装扮成警察，搜查你的提包；扮成吉普赛人向你兜售鲜花和其他小物品等。防范这些的最好办法是几个人结伴而行，晚上尽量少出门，不要去太偏僻的地方等。如果有小偷或遇到抢劫，不要过于反抗，以免危及生命安全，但一定要记住劫匪的长相。等劫匪走后，要及时报警，并请警察发给证明，以便向保险公司申请理赔及办理补发机票、护照及他国签证等事宜。

证件丢失

　　发生护照遗失情况时，如果知道在哪里被偷的，赶紧回去找！有些有"职业道德"的小偷，不会拿钱和卡之外的东西，你可以在周边找找，不要放过垃圾桶，还要通知现场的警察和工作人员。如果够幸运，说不定就能从中翻出护照来。如果找不到应及时向就近的警察署或警察报案，寻求警方的协助，请警方出具必要的遗失证明等，并及时与我国驻西班牙大使馆联系。

行李遗失

　　如果行李找不到了，可以持登机证上的行李注册存根向航空公司查询，

请工作人员帮忙查找。万一还是找不回来，则须填写报失单，最好详细地写清楚行李箱中的物品和价格，并保留一份副本和机场服务人员的姓名及电话，如果你的行李在3天内没有被找到的话，航空公司会按照合同给予赔偿。

贵重物品遗失

游客最好将信用卡、银行卡的卡号，旅行支票的支票号码记下来，有些贵重物品可以放在酒店的保险箱内。如果信用卡或银行卡丢失，应及时与信用卡发行商取得联系，请其停止有关信用卡业务。若旅行支票丢失，只要支票的复签栏没有签名的话，丢失也不会有太大的影响，不过事先要把支票的号码记下来，可以方便补办和申请赔偿。

迷路了不要怕

在西班牙，拥有一份详细的城区地图必不可少，最好选择标有双行道和单行道线路线的地图。拿着这张地图，你就会省去很多麻烦。如果发现自己迷路了，最好的办法是找警察问路。如果旁边没有警察，则可以礼貌地询问路旁的商家。如果是去野外旅游，很有必要带上指南针，没有指南针，就借助野外知识和一些标志性建筑明确方向，如太阳、植被等。实在自己找不到道路，可以打电话给警察求助，待在原地，耐心等待。

内急怎么办

西班牙各个城市的公共卫生间很少，在大街上基本上是看不见公共卫生间。不过西班牙的各个火车站、汽车站、公园、博物馆等地都会设有卫生间。大部分教堂不设公共厕所，但也有些大教堂有卫生间的，比如塞维利亚大教堂。此外，西班牙各个城市的酒吧非常多，大街小巷都有，而且每个酒吧都会有卫生间，在需要的时候，可以去酒吧方便。

孩子生病了怎么办

带着小孩旅行，最担心的，莫过于小孩在旅途当中生病，例如孩子晕车、发烧、拉肚子、过敏等。父母最好在出前先请儿科医生开一些平常必要的药，如果途中备有常用药品，就可以一解"燃眉之急"了。下面就详细介绍一些孩子生病的解决办法。

● "灵丹妙药"百宝箱

旅行必带的常用药品	
症状	药品
治疗外伤的药物	酒精棉、纱布、创可贴等
治疗发热、感冒、咳嗽和化痰药物	如泰诺、美林等
必要的消炎药物	如阿莫西林、阿奇霉素
治疗便秘的药物	如杜秘克、开塞露
治疗腹泻的药物	如多粘菌素、力百汀以及治疗脱水的口服补液盐
纠正睡眠的药物	如苯海拉明、水合氯醛；
晕车药	如苯海拉明（年龄小的宝宝）、茶苯海明（学龄儿童）

孩子晕车了怎么办

有些孩子在乘坐交通工具时会出现晕车的症状，例如头晕、恶心、甚至呕吐等。对于学龄以上的儿童则可服用茶苯海明，每次服用25毫克，在乘车前30分钟服用。

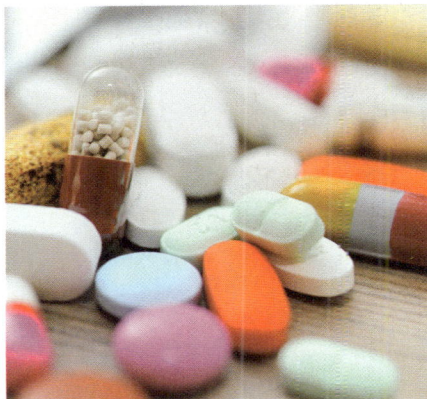

便秘，难言之隐

生活规律的改变，饮食的不适应，常常会造成孩子便秘。一定要多给孩子吃些富含纤维素的蔬菜等食物。便秘严重的话可使用开塞露辅助排便，同时还可服用杜秘克等软化大便的药物。

拉肚子了好难受

在旅行路上孩子可能出现腹泻的症状，主要表现为发热、呕吐、腹泻，甚至可能出现脱水。除了注意饮食卫生外，要及时给孩子补充充足的水分，特别是含有糖分的口服补液盐。同时应该服用消炎药，治疗急性胃肠炎常用的消炎药有多粘菌素、力百汀等。最好不要给孩子服用呋喃唑酮、小檗碱等，这些药物可能对孩子的生长发育有些影响。

西班牙的医院

西班牙医疗水准较高，相关医疗设备也相当先进。但如果在旅途中感冒或水土不服等，可以吃点自己事先准备的感冒药等，然后多休息。如果去西班牙之前在吃药的话，就要备足了药物，或者带上药方到西班牙的药店里买药，西班牙的药品仅在药店出售，大街上药店有绿色的十字标志。生病严重的话，还是去医院最为妥当，在这里推荐一些医院。

西班牙主要旅游城市的医院

城市	医院	地址	电话	网址
马德里	USP Clinica San Camilo	Calle de Juan Bravo, 39, 28006 Madrid	090-2112121	www.quiron.es
	Clinica Fuensanta	Calle de Arturo Soria, 17, 28027 Madrid	091-4100200	www.clinicafuensanta.com
	Hospital La Milagrosa	Calle de Modesto Lafuente, 14, 28010 Madrid	091-4472100	www.lamilagrosa.com
	Hospital de la Zarzuela	Calle de Pleyades, 25, 28023 Madrid	090-2102400	www.sanitas.es
格拉纳达	Hospital inmaculada	C/ Alejandro Otero, 8, 18004 Granada	095-8187700	www.hospital-inmaculada.es
巴塞罗那	Clinica de Vic	Ronda de Francesc Camprodon,4,08500 Vic, Barcelona	093-8861999	www.clinicadevic.cat
塞维利亚	Hospital Viamed Santa Ángela	Avenida de Jerez, 59, 41014 Bellavista, Sevilla	095-4032000	www.dermavanza.com
萨拉戈萨	Clínica Montpellier	Vía de la Hispanidad, 37, 50012 Zaragoza	097-6765300	www.clinicamontpellier.com

● 西班牙旅游热门用药

如果孩子在西班牙感冒、发烧，可是父母没有准备好相关的药品，那么就可以在西班牙的药店或者诊所中买一些基本用药。

西班牙旅游常用药		
药物名称	外文名称	图片
止痛药	Tylenol	
	Ibuprofeno	
退烧药	Aspirin	
止咳药	Dimacol	
薄荷润喉药	Robitussin	

出游方式

跟团游

　　如果想要一个比较省心的旅行，可以选择跟团走，这样你就不必担心自己的语言能力，也不用操心吃、住、行，而且会有人陪同介绍。对于重要景点，导游不但会详细讲解，也会留足够时间给你游玩，这种方式适合那些经济比较宽裕，或者初次带孩子出国的游客。如果你觉得自己制订计划和安排活动比较麻烦，也可以选择跟团游。

● 选择合适的旅行社

　　游客可以在国内报团，也可以到了各旅游城市再报团。中国国内非常有影响力的旅行社有中国旅行社（简称"中旅"）、中国国际旅行社（简称"国旅"）、中国康辉旅行社、中青旅、锦江旅行社、春秋旅行社、广之旅、中信旅行社等。

　　在选择旅行社时，最好到各个旅行社的总部进行报名。通常总部提供的服务会好很多，而且你能够得到该旅行社提供的优惠团等第一手信息。比较旅行团质量时，要考虑以下因素：

　　1.行程安排，要看行程安排是否与自己预想的一致，是否包含了自己想去的大部分景点；

　　2.费用内容，查看报价中包含了哪些费用，是否需要额外费用；

　　3.服务细节，服务细节是很重要的，包括了往返时间、交通工具、酒店、用餐、景点票价等的支付，细节虽小，却直接影响到一次旅行的质量。

部分旅行社相关信息			
旅行社	地址	电话	网址
中国旅行社（北京）	北京市朝阳区霞光里15号霄云中心B座12层	400-6006065	www.ctsdc.com
中国国际旅行社（广州）	广东省广州市越秀区沿江东路421号	020-83279999	www.ctsho.com
中国青年旅行社（上海）	上海市黄浦区黄陂北路228号	400-6777666	www.scyts.com
中国康辉总社（北京）	北京市朝阳区农展馆南路5号京朝大厦一层	010-6587770108	www.cct.cn/bj

潮爸辣妈提示

　　国内现在有很多知名且可靠的旅行团，一定要看到他们的营业执照，有可能的话，最好能看看他们在工商局的备案（可在网上查询）、网友的点评等。如果是名不见经传的小型旅社，价格再便宜也不要轻信。确定好跟哪个团以后，在交付费用的同时，一定要签订旅行协议，确保条款无异议，并向旅行社索要收据或发票。

自助游

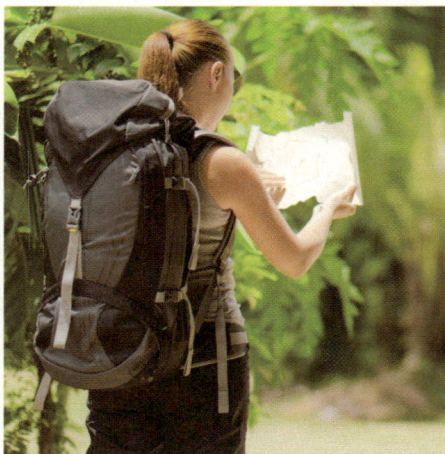

在西班牙自助游有两种方式，全自助游和半自助游。自助游最大的好处就是时间相对比较自由。全自助游有最大的自由度，你可以根据自己的喜好有选择地游玩，行程也可以任自己安排，也更容易融入当地人的生活，还能更深入的了解西班牙。自助出行前要查阅大量相关资料，制定详细的旅游计划，这样才能让自己的旅行变得更加从容。

半自助旅游有两种类型，一类是由国内的旅行社代订好往返机票与住宿的酒店，另一类是游客自己预订机票与酒店，到了目的地跟当地团参加旅游。半自助游需要做的准备工作相对少一些，但是出发日与回程无法由自己把握，不能更改时间，相对来说要受一定限制。

自助游省钱窍门	
省钱方法	**细节**
制订旅行计划	确定时间、地点，以重点目的地为中心沿途选择其他次级目标，尽量不要安排重复路线
选择淡季出游	最好选择淡季出游，西班牙的网站规划很发达，提前网上购票优惠很多，可以节省很多钱
选择交通工具	优先选择飞机，提高观光效率；在出行时尽量选择夜间赶路白天游览，这是很经济实惠的行程安排
带上信用卡	带现金既麻烦又容易丢失，刷卡是最快捷的方式，西班牙大多地方都可以直接刷银联卡或信用卡
以步代车	在西班牙旅行很多地方可以步行直达，小城市可以直接步行游玩，这样的选择既经济又可以玩得很痛快
在景区外食宿	景区内的食宿一般都贵，中午可以带些便利食品在路上吃，出了景区再找餐厅和住宿
筛选景点	找出最经典的旅游方式，选择好自己最想去的景点，然后将时间留下来逛街，在西班牙如果不能好好地逛街会是你最大的遗憾
慎买景区商品	景区的商品一般比较贵，如果要购物送亲友建议到西班牙的购物街去买，那里的商品价格实惠也精致
结伴出游	若是到较为偏远又有特色景观的地区观光，可以结伴自驾、包车等，这样更安全。西班牙人非常热情，相信你的路上会有很多难忘的奇遇

自驾游

租车自驾旅游，可以自由选择自己喜欢的路线和景点，行李也有处安放，时间安排起来也比较自由，可以说是好处多多。不过在巴塞罗那、马德里这样的大城市，堵车情况很严重，而且在一些古城的街道里只设有单行车道，开车观光非常不方便。所以建议在这些大城市内乘坐便捷的公共交通工具出行。而在一些游人较少景点分布又比较分散的城市，租一辆汽车自驾是再合适不过的事情，这样既方便又能让你尽情欣赏沿途的风景。

在西班牙租车，大公司一般都要求有驾照，有信用卡或借记卡，且年龄在21岁及以上。一些知名的汽车租赁公司在马德里有办事处，比如Avis、Budget、Hertz、Europcar。这几家大品牌在机场就设有租赁处，在阿托查火车站和Chamartin火车站也设有分部。另外还推荐当地廉价的租车公司Pepecar以及National/Atesa。

⭐ 如何在西班牙自驾游

如何租车

在西班牙租车很方便，机场入境处和各火车站窗口都有租车公司的服务点，一般是Avis、Europacar、Hertz, Enterprise。如果考虑好之后，可以直接到这里办理手续。租车时需要出示中文驾照、驾照公证件（西班牙文）和护照，有时还需要出示信用卡。

西班牙人气租车公司			
名称	地址	中文版网址	简介
Avis	Calle Gran Vía, 60, 28013 Madrid	www.avis.cn	Avis租车公司在西班牙大小城市都有租车地点，取车还车比较方便
Europcar	Gran Via de les Corts Catalanes, 680, 08010 Barcelona	www.europcar.cn	Europcar租车公司也是国际比较有名的租车公司，有各种车型可以选择
Hertz	Carretera N-4, 41020 Sevilla	www.hertz.cn	Hertz是全球最大的汽车租赁公司，其分部遍布世界各地都

● 西班牙租车价格

在西班牙租车，需要提前了解下大致的租车价格，这样可以帮助你选择适合自己的车型。租车价格表能够有效帮助你决定在哪一家租车公司预约车。

西班牙租车价格参考表	
车型	价格
小型轿车	40～60欧元/天
中型轿车	60～100欧元/天
中大型旅行车	80～110欧元/天

西班牙租车注意事项	
事项	详细
行驶方向	西班牙同国内一样是靠右行驶，左舵车；西班牙的红绿灯，"红灯停、绿灯行"，除了红灯不能右转外，其他与国内基本没有区别。西班牙路口的人行道还专门有一个灯，不管其他灯是否放行，到了人行道前，如果是红灯，你必须停下
租车价格	租车时最好能多了解几家，对比一下各家的价格、服务等，选择最适合自己的一家
携带证件	在西班牙租车时需要出示护照、驾照及翻译件，还要记得带上信用卡，最好是有较高的信用额度
驾照	我国公民在西班牙租车需要提供中国驾照原件和驾照公证翻译件（西班牙文）
签订合同	租车一定要找正规的租车公司，签订有效的租车合同，要注意合同上的各个细节，并且在签订之前要求公司工作人员陪同看车
拿上名片	离开租车公司的时候，别忘记拿一张店里的名片，万一迷路或者需要救援，有个名片保险
购买保险	在租车的同时要买份保险，在陌生的环境中更容易出现各种小麻烦，这样能够避免出现意外情况时自己手足无措
GPS导航仪	在西班牙自驾，一定要有一个导航仪，可以用iPad导航，建议租一个中文导航仪
副驾作用	副驾最好懂开车，能帮忙指路；专业的GPS有语音播报（iPad没有），即使有语音，在稍微吵一点的路段也听不清楚，副驾驶可以帮着指路
高速公路	这里高速公路时速最高可达150千米，由于车速较快，因此要注意后视镜和反光镜，不要轻易变道。西班牙对酒后驾车处罚很重，一定不要酒后驾车，这里驾车时也禁止吸烟
停车	一定要在有停车标志的地方停车，如果乱停车可能会被处以很重的罚款。西班牙的车位类别是通过颜色来划分的。蓝色框，一般是允许访客临时停车，但有规定时间，一般都不准过夜；白色车位，一边都是免费停；绿色车位，这种车位往往只允许周边居民或者特定人群使用；西班牙还有不少黄色车位，这种一般是收费的车位；有残疾人标志（一般是画个轮椅）的车位非残疾人都不能停

怎样加油

西班牙的加油站有的有工作人员，有的没有，没有的话你自己投币加油即可。机器上一般有三3种油，要注意西班牙文的柴油拼写为 Gas ó lio，有点类似于汽油英文的写法，不要加错了。

● 汽车加油的禁忌

1.在汽车熄火之前绝对不能给汽车加油。

2.加油时不要在车内待着，出来待着也别吸烟。雷雨天尽量不要加油，因为油蒸汽弥散在你周围会增加被雷击中的概率。如果工作人员没有关闭加油枪，你绝对不能发动汽车，否则易引发火灾。

3.在加油后行驶中，汽车一旦出现供油不畅、发抖、怠速下降、给油没劲、祚车甚至熄火，赶紧灭车呼叫救援。

意外事故巧处理

西班牙规定行车时车内必须备有以下物品：三角反光警示牌一到两个，发光背心至少一件，备用车灯一副，这些物品租赁公司一般会同时提供。如果司机戴眼镜，还需一副备用眼镜。理论上，路警有权拦下车辆抽查这些物品是否齐全，并有权当场开罚单，但是这种情况较少发生。

●出了车祸怎么办

在西班牙发生车祸事故怎么办？这是个关乎金钱、时间、生命的大问题，如果真的遇见了，该怎么办呢？

尽量待在车里：车祸发生后尽量待在车里，尤其是在高速路上，冒然下车容易被其他车撞到。即使这时你的车还在马路中间，已经不能动了，最好也不要出来，等警察和拖车来之后再下车。

车最好开到路边：即使你将车开离现场，警察也会从路面上留下的迹象和双方车的状况推断出到底发生了什么。如果可能，用手机照几张照片，不过除非你已经将车开到路边安全地带，否则还是在车里照比较安全。如果另一位司机还在车里，那么最好指指路边，告诉他/她将车停在路边会面。

不要私下和解：如果一辆汽车撞到你，司机说，不要报警，我给你1000块钱，咱们私下和解吧。这时候，如果你受伤了，法律规定一定要报警。即使伤很轻，也要报警，不一定在现场，可以事后报警。

报警：无论是不是自己肇事，立马报警。警察来后，会给你们出一份事故报告。记住要将警察的名字和他们的警号记下来。此外，将你的事故报告号码记在另一张纸上，以防弄丢了报告。一般情况下，警察是不会出事故报告的，你自己需要在车祸的24小时内亲自去警察局。

先别承担错误：不管在车祸中发生了什么，记住不要承认错误。最好的办法是少言，等待警察来决定如何处理。必要的时候，可要求有翻译。千万不要与车祸的另一方司机详细谈车祸中的细节。如果另一方司机非常生气，开始骂人，那么要将车窗紧闭。

保存所有的证据：在等警察的期间，你可以粗略检查一下事故的损失，用手机照些相片，同时与另一名司机互换汽车保险信息。周围有目击证人是最好的，请他们留下姓名、电话、住址等，便于日后有纠纷时为证。用手机拍照的方式，记录对方的驾照信息、保险信息、车辆注册信息、抄下对方的车牌，记录对方当时的地址、电话。

GPS导航仪装在哪里

GPS导航仪的支架不可贴在挡风玻璃上，却可以放在仪表板上方。假如撞车时挡风玻璃会脱落，导航器若贴在挡风玻璃上可能会刺破弹出的安全气囊，非常危险。

最好的学习在路上

带孩子游西班牙

PART2

带孩子游马德里

083 ▶ 115

　　马德里（Madrid）不仅是西班牙的首都，还是欧洲著名的历史名城。这里有装饰奢华的古典建筑，有世界顶级的博物馆，有丰富多样的国际美食，有明媚的阳光，这些让每一个来马德里的人都为之着迷。带孩子游马德里，你可以和孩子参观知名的博物馆，在太阳门广场、中央广场、西班牙广场、哥伦布广场等地观看艺人表演或者雕塑，在马德里生态园中观看神奇的生物，或者去享受马德里的特色美食，赶快行动吧！

带孩子怎么去

优选直达航班

　　带着孩子出行，能够乘坐自己所在城市到目的城市的直达航班是所有父母的需求。目前，大陆只有从北京到马德里的直达航班，对于带孩子的游客可选择从北京直飞马德里，或者也可以从中国上海、广州等地乘坐到西班牙马德里的中转航班。下表列举了直达航班和一些中转航班，游客可据需求选择。下面所提供的信息到达时间为北京时间，仅供参考，一切以实际为准。

中国到马德里的航班资讯							
承运公司	航班号	线路	中转城市	停留时间	转乘航班	起飞时间	到达时间
俄罗斯航空	SU201	北京→莫斯科（谢列蔑契娃机场）→马德里	莫斯科	1小时20分钟	俄罗斯航空SU2500	2:30	11:00
	SU205	北京→莫斯科（谢列蔑契娃机场）→马德里	莫斯科	3小时30分钟	俄罗斯航空SU2604	11:40	22:30
	SU209	上海→莫斯科（谢列蔑契娃机场）→马德里	莫斯科	2小时10分钟	俄罗斯航空SU2604	11:40	22:30
中国国航	CA907	北京→马德里	—	—	—	0:15	次日6:35
英国航空	BA038	北京→伦敦→马德里	伦敦	4小时50分钟	西班牙航空IB3717	11:15	23:20
	BA38	北京→伦敦→马德里	伦敦	2小时5分钟	英国航空BA520	11:15	20:40
	BA1168	上海→伦敦→马德里	伦敦	1小时	英国航空BA460	7:30	17:20

巧法"倒时差"

　　西班牙标准时间与国内时差7小时，每年4月至10月采用夏令时期间与国内时差6小时，早上6点你起来准备要去上班的时候，在西班牙的人们还在深沉的梦乡。去西班牙旅游，要记得在国内的时候就要适当调整一下自己睡觉的时间，使其尽可能地接近西班牙的睡觉时间。当然这个事是不可以勉强的，如果你晚上10点就要睡了，实在是睁不开眼睛，那么你完全没有必要特别的去勉强自己不能睡，毕竟倒时差是一个循序渐进的过程。

提前3天晚睡晚起

　　一般在前往西班牙的3天前就要开始倒时差，就是要在出发前做到晚睡晚起，尤其是孩子，可以利用放假的机会让他们在出发前将生物钟尽量往后调整。这样到了西班牙就会缩小时差带来的生理时间跨度。

飞机上多睡

　　如果能够在飞机上多睡一些时间，那么在下飞机之后，就能保证拥有较为充足的精神。在出发前上飞机的一天，最好少睡一些。你也可以提前准备一些能够让飞行旅程更舒适的装备，如果有需要，还可以在衣服或者自己带的小毯子上洒些薰衣草精油。

调整自己的饮食结构

　　出门在外很容易出现水土不服的状况，胃胀气、腹泻等都是时差带来的反应之一。因此在出发前要调整好自己的饮食结构，尽量以清淡为主，不能暴饮暴食。在到达目的地之后立刻按照当地的进餐时间来吃饭，如果肠胃能适应，则可以克服时差带来的困扰。

不要让孩子太兴奋

　　孩子往往会因为旅途太兴奋导致过于疲累，因而产生更加严重的时差反应。可以给孩子带一些故事书，或是让孩子看卡通视频，不过要控制观看时间。家长要帮助孩子调整作息，该睡觉时要求孩子一定要努力睡着，在飞机上也要多找机会让孩子睡觉。

潮爸辣妈提示

1.在旅途开始的前3天，你要开始少吃含高脂肪、盐、咖啡因和糖类的食物，要多吃新鲜的水果和蔬菜。不要吃高蛋白早餐和高碳水化合物晚餐，这会让你更难入睡。

2.登机后，尽快把手表调成目的地的时间，并根据新设定的时间来作息。

3.到达目的地之后，如果是白天，不要急着睡觉。你可以尝试着做一些运动或散步来减轻睡意，等到入夜之后再睡觉。

从机场到马德里市

马德里只有一个机场，叫作马德里巴拉哈斯机场（Madrid-Barajas Airport）。巴拉哈斯机场位于市区东北约12千米处，早在1931年便已落成，是西班牙最繁忙的一座国际机场。机场目前设有4个航站楼，1号和4号航站楼主要停靠国际航班，2号航站楼覆盖了西班牙国内航班以及部分欧洲申根国的来往航班，较小的3号航站楼则仅供Lagun航空公司停靠，从中国前往马德里的航班一般停靠在1号和2号航站楼。

从该机场前往马德里市区可乘坐机场快线、机场大巴、出租车、地铁等交通工具。

■ 地址：Avenida de la Hispanidad, s/n, 28042 Madrid　■ 网址：www.aeropuertomadrid-barajas.com

巴拉哈斯机场至马德里市的交通			
名称	乘车地点	介绍	费用
地铁	2、4号航站楼二层	在2、4号航站楼二层有地铁8号线，开往市中心的Nuevos Ministerios站，也可以乘至Mar de Cristal站换乘10号线，10号线的Alonso Martinez站，为2、4、10号线换乘站，在此站可换乘2号线到达Gran Via站，即市中心，到Nuevos Ministerios站的时间大概是12~15分钟	2欧元
公交车	在4号航站楼有04、201和204路巴士，1、2、3号航站楼有200路巴士，101路巴士在1、2号航站楼	200路从2号航站楼出发，途经1、3号航站楼，终点站是交通枢纽站Avenida de America，在此站可以换乘地铁4、6、7、9线。204路也可以到达Avenida de America。200路发车间隔是10分钟，从6:00~11:30，在周末以及节假日是7:00~11:30，发车间隔为15~20分钟。101路巴士运行时间为02:00~06:00	1欧元，不设找零
出租车	在抵达大厅外可以乘坐	到马德里中心约25~30分钟	到市中心费用大约15~20欧元
机场快线	在机场T4-Atocha火车站乘坐	停靠点有T4、T2、T1、O'Donnell、Cibeles、Atocha-Cercanias。机场快线24小时运营，日间每15分钟一班，夜间与清晨每30分钟一班，全程40分钟	2欧元

亲子行程百搭

市内百搭

　　马德里市中心的景点很多，足够让一家人游玩两三天时间，想要轻松愉快点的可以按照趣味之旅路线游玩，喜欢自然的可以按照清新之旅路线游览，喜欢文化气息的可以按照追寻文化之旅路线参观。喜欢自由的也可以将这些路线随意搭配。要注意途中休息一下，使每天的行程都悠闲自在。

清新之旅

乘坐地铁9号线在Valdebernardo站下即可

❶ 马德里生态园 (1.5小时)
Madrid Ecological Park

▼ 乘出租车沿Av. Comunidades往Av. de la Democracia行驶，走M-23驶入Calle de Goya，再沿Paseo de Recoletos行驶3分钟即可到达

❷ 蜡像博物馆 (1小时)
Wax Museum

▼ 乘坐地铁5号线和2号线在Ópera站下即到

❸ 摩尔公园 (1.5小时)
Moore Park

▼ 乘坐地铁5、10号线在Casa de Campo站下，转乘坐缆车Teleferico即可到达

❹ 田园之家 (2小时)
Casa de Campo

趣味之旅

乘坐地铁10号线在Casa de Campo站下即可

❶ 马德里动物园水族馆 (2小时)
Madrid Zoo Aquarium

▼ 乘出租车从Paseo Venta和Paseo Puerta del Batán驶入Autovía de Extremadura，继续沿Autovía de Extremadura前行驶入Cuesta de la Vega，全程约11分钟即可

❷ 萨巴蒂尼花园 (1小时)
Sabatini Garden

▼ 乘出租车从Cuesta de la Vega向西行驶，到Paseo Cd de Plasencia后向右转，进入Glorieta Boccherini，然后向左转，进入Cuesta Ramón后的目的地在右侧

❸ 穆罕默德一世公园 (1小时)
Mohamed I Park

▼ 搭乘地铁2号线至Retiro站，或搭乘地铁9号线至Ibiza站下车

❹ 布恩雷蒂罗公园 (2小时)
Parque del Retiro

追寻文化之旅

乘出租车Carrera de S. Jerónimo驶入Calle de Alcalá然后开往Av. de Menéndez Pelayo，全程需要7分钟

❶ 水晶宫 (1.5小时)
Palacio de Cristal

▼ 乘坐地铁7、10号线在G. Marañón站下，乘坐地铁6、8号线在N. Ministerios站下

❷ 自然博物馆 (1.5小时)
Museum of Natural History

▼ 乘坐地铁5号线或2号线在歌剧院（Opera）站下车，然后向西步行5分钟即到

❸ 马德里王宫 (2小时)
Palacio Real de Madrid

▼ 乘坐地铁1号线到Atocha站，乘坐10、14、27、34、45路公交车到Pº Prado - Atocha站即可到达

❹ 卡伊莎文化中心 (1小时)
Caixa Forum Madrid

马德里市内百搭路线示意图

图例：

- 马德里王宫 Palacio Real de Madrid
- 自然博物馆 Museum of Natural History
- 田园之家 Casa de Campo
- 蜡像博物馆 Wax Museam
- 摩尔公园 Moore Park
- 水晶宫 Palacio de Cristal
- 布恩雷蒂罗公园 Parque del Retiro
- 马德里动物园水族馆 Madrid Zoo Aquariam
- 萨巴蒂尼花园 Sabatini Garden
- 穆罕默德一世公园 Mohamed 1 Park
- 卡伊莎文化中心 Caixa Forum Madrid
- 马德里生态园 Madrid Ecological Park

周边百搭

在马德里市内玩了几天，也别忽视了其他的景点，在马德里有很多广场，可以带着孩子来一次广场之旅，然后带他看一场精彩的足球赛。此外，马德里的博物馆也很多，也可以带着孩子沿着博物馆之旅的线路游览马德里的精华。

广场之旅

可搭坐地铁1、2、3号线至Puerta del Sol站下，可搭乘公交3、N16、N26路到Pta. del Sol – Carretas站下

❶ 太阳门广场 （3小时）
Puerta del Sol

搭乘地铁3号线或者10号线至Plaza de España站，出站即达

❷ 西班牙广场 （2小时）
Plaza de Espana

乘出租车从Calle de la Princesa向西北行驶，到Calle San Leonardo向右转，进入Calle de los Mártires de Alcalá然后再向右转，进入Paseo del General Martínez Campos目的地在左侧

❸ 索洛亚博物馆 （1小时）
Museo Sorolla

搭乘地铁10号线至Santiago Bernabéu站下车，从Estadio Santiago Bernabéu出站口出来

❹ 伯纳乌球场 （1小时）
Santhago Bernabéu Stadium

博物馆之旅

乘出租车从Carrera de S. Jerónimo驶入Plaza de las Cortes，继续开往Calle Argumosa。然后继续沿Calle Argumosa开往目的地

❶ 索菲亚王后艺术中心 （2小时）
Museo Nacional Centro de Arte Reina Sofia

乘出租车从Calle del Dr. Fourquet、Calle José Antonio de Armona和Calle Delicias驶入Paseo de las Delicias，继续沿Paseo de las Delicias行驶。开往Paseo del Prado路，全程所需6分钟

❷ 普拉多博物馆 （1小时）
Prado Museum

乘出租车从Paseo del Prado向北行驶，向左转进入Calle de Alcalá/Plaza Cibeles，靠左继续沿Calle de Alcalá/Plaza Cibeles行驶，全程所需3分钟

❸ 提森-博内米萨博物馆 （3小时）
Teesson – Bonnet Misa Museum

乘出租车开往Plaza de la Lealtad，沿Paseo de Recoletos开往Calle de Jorge Juan，全程所需5分钟

❹ 马德里国立考古博物馆 （2小时）
The National Archaeological Museum in Madrid

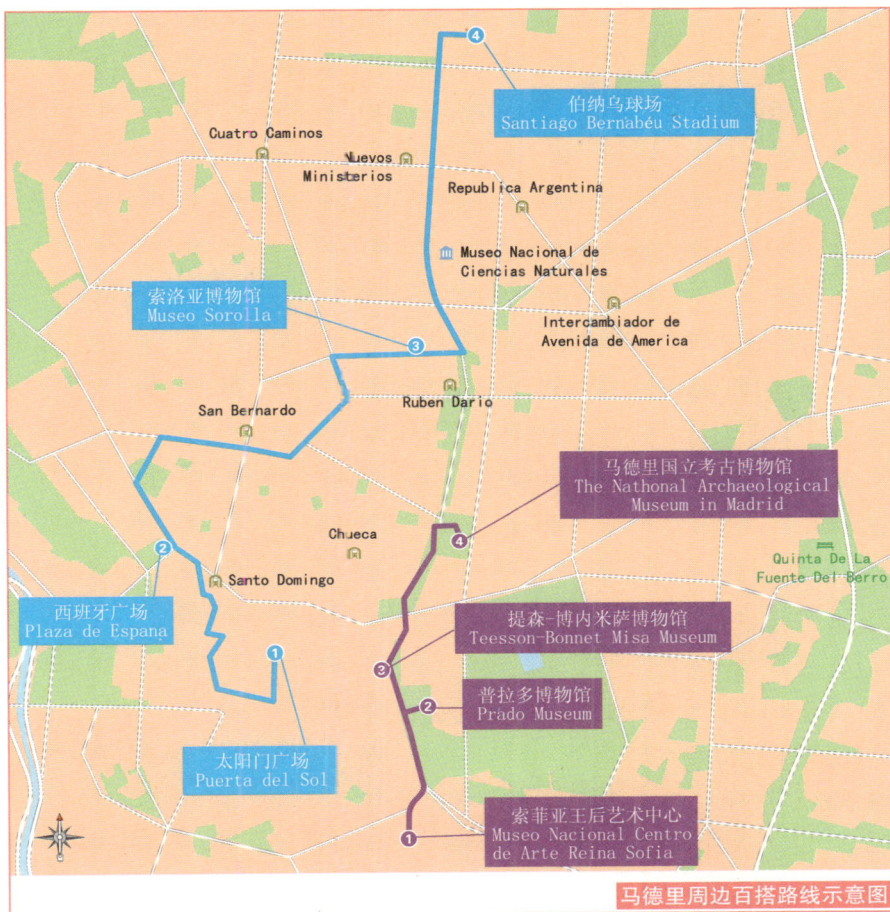

伯纳乌球场
Santiago Bernabéu Stadium

Cuatro Caminos

Nuevos
Ministerios

Republica Argentina

Museo Nacional de
Ciencias Naturales

索洛亚博物馆
Museo Sorolla

Intercambiador de
Avenida de America

Ruben Dario

San Bernardo

马德里国立考古博物馆
The Nathonal Archaeological
Museum in Madrid

Chueca

Quinta De La
Fuente Del Berro

西班牙广场
Plaza de Espana

Santo Domingo

提森-博内米萨博物馆
Teesson-Bonnet Misa Museum

普拉多博物馆
Prado Museum

太阳门广场
Puerta del Sol

索菲亚王后艺术中心
Museo Nacional Centro
de Arte Reina Sofia

马德里周边百搭路线示意图

亮点

1. 马德里王宫：欣赏斯特拉迪瓦里家族制作的小提琴
2. 太阳门广场：观看街头艺人的表演
3. 布恩雷蒂罗公园：观鸟
4. 伯纳乌球场：欣赏精彩的球赛
5. 马德里生态园：与小精灵打招呼
6. 华纳公园：置身于电影场景中

最好的学习在路上

带孩子游西班牙

马德里王宫

　　马德里王宫（Palacio Real de Madrid）位于马德里市中心，是首都马德里最精美的建筑之一。西班牙国王胡安·卡洛斯一世和王室并不居住在这里，而是住在马德里郊外较小的萨尔苏埃拉宫。不过，马德里王宫仍然用于国事活动，当有国事活动的时候王宫将被临时关闭。在这座王宫中，你可以和孩子欣赏斯特拉迪瓦里家族制作的小提琴及辉煌的拱顶绘画。此外，天气晴朗时候你可以和孩子在兵器广场上漫步，你不仅会看到在这里拍摄婚纱照的新人，也可以看到骑马车巡逻的帅气警察。或者去参观皇家军械库，看陈列着的武器和盔甲收藏品，一定很棒。

适合孩子年龄：6～12岁
游玩重点：欣赏斯特拉迪瓦里家族制作的小提琴及辉煌的拱顶绘画、参观皇家军械库

亲子旅行资讯

✉ Calle Bailén, s/n, 28071 Madrid

🚗 乘坐地铁5号线或2号线在歌剧院（Opera）站下车，然后向西步行5分钟即到

🌐 www.patrimonionacional.es

💲 成人10欧元；14～16岁（青少年凭身份证或护照）5欧元；5岁以下免费。另外5月18日国际博物馆日免费开放

🕐 4～9月10:00～20:00，10月至次年3月10:00～18:00

☎ 091-4548700

潮爸辣妈提示

1. 西班牙举行当地节日（如马德里的红日）时，王宫也会关闭，游览前最好在网上查询。
2. 除了禁止拍摄外，水和食物也禁止带入内。
3. 王宫入口处礼品店内的礼品有不少值得收藏，冰箱贴自不必说，推荐绘有皇室成员的眼镜布，记录西班牙传统的斗牛邮票或是西班牙各地的城堡邮票以及印有皇室成员画像的扑克牌。

太阳门广场

太阳门广场（Puerta del Sol）是西班牙首都马德里的一处广场，坐落于马德里市中心。在太阳门广场的东部可以看到"熊和树莓"雕像，憨态可掬的小熊直立着身子，前爪抱住眼前的树莓树，栩栩如生，这是马德里非常受欢迎的市标。广场中心矗立着卡洛斯三世的骑马雕像，雕像旁是一个大喷泉，周围花团锦簇。带孩子前来，你可以在广场中随意观赏、拍摄，也可以坐在喷泉旁喂喂鸽子，欣赏精彩的街头艺人表演。这里还是马德里的集会中心，圣诞、新年都会有特别的集会活动，如果那时前来，一定十分有趣。

亲子旅行资讯

- Plaza de la Puerta del Sol, s/n, 28013 Madrid
- 乘坐地铁1、2、3号线至Puerta del Sol站下，搭乘坐公交3、N16、N26路到Pta. del Sol – Carretas站下
- www.madrid.es

潮爸辣妈提示

1. 如果想和街头表演艺人合影，别忘了给小费。
2. 太阳门广场人流量非常大，一定要看好自己的孩子。另外，这里也是小偷作案的首选地，一定要看管好自己的随身物品。

马约尔广场

马约尔广场（Plaza de Mayor）是一座有着独特风格的四方形广场，周围环绕着3层的住宅楼，有230多个面临广场的阳台，在广场中央是菲里普三世的骑马雕像。以前在周围住户的阳台上经常可以看到广场上举行的奢华的皇家仪式、斗牛以及种种纪念活动，现在回荡的是抱着廉价吉他的年轻人们的嘹亮歌声。在灿烂的阳光下，和孩子坐在广场的露天座位上，一边品尝西班牙美食一边欣赏着气势雄伟的广场建筑，再与穿梭表演的艺人互动一番，实在是一次绝妙的体会。

亲子旅行资讯

- Plaza Mayor, s/n, 28005 Madrid
- 乘坐地铁、2、3号线至SOL站下车后向西步行5分钟可到

西班牙广场

适合孩子年龄: 6~12岁
游玩重点: 观看华丽的马车和塑像

西班牙广场(Plaza de Espana)是马德里市中心的一个大型广场,位于格兰大道的西端。广场上有两座醒目的建筑,分别是1948年建成的曾经的欧洲第一高楼——马德里塔楼和西班牙大厦,两座大楼的顶层都是欣赏马德里全景的好地方。

广场中心是塞万提斯纪念碑和堂·吉诃德骑马像和仆人桑丘的塑像。在广场你可以看到不时有装饰华丽的马车在广场绕行,马儿雄健、蹄声嗒嗒。你甚至还可以在广场上的小河里泛舟。

亲子旅行资讯

- ✉ Plaza de España, 28008 Madrid
- 🚌 乘坐地铁3号线或者10号线至Plaza de Españ站下,出站即达

布恩雷蒂罗公园

适合孩子年龄: 5~13岁
游玩重点: 观鸟,看小动物

布恩雷蒂罗公园(Parque del Retiro)又名为丽池公园,位于马德里市南部阿方索十二世大街东侧,是马德里规模最大的公园。公园里的植物品种繁多,达到万种以上,这里就像是城市中隔离出的绿岛,所以不论你是在里面做运动,还是坐在树下休息都能呼吸到新鲜的空气。公园里有甜蜜的情侣,慢跑的运动员,小朋友们可以尽情玩耍,在水池中还能看到天鹅、肥鸭、乌龟和其他不知名的鸟类,悠闲自在地和平共处,在此可以让你度过一段美好的时光。

亲子旅行资讯

- ✉ Plaza de la Independencia, 7, 28001 Madrid
- 🚌 乘坐地铁2号线至Retiro站,或乘坐地铁9号线至Ibiza站下车可到
- 🌐 www.esmadrid.com
- 💲 免费
- 📅 4月至6月6:00~24:00, 10月至次年3月6:00~22:00
- ☎ 091-5300041

潮爸辣妈提示

周日是游玩公园的最佳时间,因为水池边上会摆满了小摊,像是个跳蚤市场,游客可以淘一些特色小商品,这里还会举办一些街头表演和露天音乐会,非常热闹。

水晶宫

　　水晶宫（Palacio de Cristal）是一座玻璃殿堂，位于丽池公园内，建于1887年。水晶宫建造的主要原因是为了展示来自菲律宾的动植物。水晶宫高约25米，靠近一个人工湖畔，现在宫殿主要用来举办当代艺术展览会。在水晶宫前面的湖里，有几棵长在水里的意大利柏树，特别之处就在于树根以及一部分树干是浸在水里的。除了这些，你还可以和孩子观看水晶宫前的喷水池以及悠游其中的天鹅。

伯纳乌球场

适合孩子年龄：9～12岁
游玩重点：参观球场、观看球赛

　　伯纳乌球场（Santiago Bernabéu Stadium）位于马德里繁华的金融区，是西甲劲旅皇家马德里队的主场，诸如罗纳尔多、劳尔、齐达内等巨星，都在伯纳乌这片神圣的、带有白色条纹的草场上驰骋过。球场的博物馆里面有近百年来皇马所获得的荣誉，众多球星的金球奖、金靴奖。在球场里可以近距离地观看草坪，坐上教练席。如果你的孩子是一位足球迷，那一定要带他来这里看看，相信一定会让他激动万分。

亲子旅行资讯

✉ Av de Concha Espina, 1, 28036 Madrid

🚌 乘坐地铁10号线至Santiago Bernabéu站下车，从Estadio Santiago Bernabéu出站口出来

🌐 www.realmadrid.com

💵 参观免费，若观看比赛，则以门票为主

📅 周一至周六 10:00~19:00，周日和节假日10:30~18:30。如有比赛，赛前5小时不可以参观更衣室，赛前3小时停止参观

☎ 091-3984300

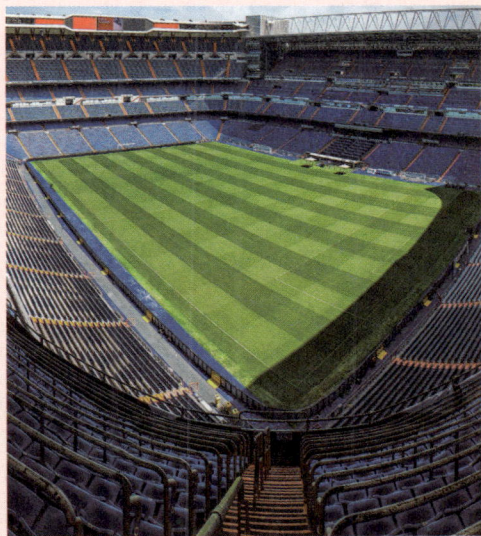

潮爸辣妈提示

　　一般球赛价格为20欧元起，根据比赛的精彩程度价格会上涨，可以提前一周在网上订票，也可赛前在现场购票。

卡伊莎文化中心

适合孩子年龄：9～12岁
游玩重点：游览空中花园

卡伊莎文化中心（Caixa Forum Madrid）又称马德里当代艺术博物馆，是由一座有百年历史的发电厂改造而成的。新的艺术馆以辩论和教育性质的节目、巡回展览等为主。博物馆入口处的金属楼梯设计得非常有意思，而且里面的礼品店有很多好玩的小东西。最让人赞叹的是建筑师改建的20多米高的垂直立体空中花园。花园墙上长满绿色植物，所有植物都望向天空，想知道他们是怎么长上去的还需要你亲自去看看。

亲子旅行资讯

- ✉ Paseo del Prado, 36, 28014 Madrid
- 🚗 乘坐地铁1号线到Atocha站，乘坐10、14、27、34、45路公交车到Pº Prado – Atocha站可到
- 🌐 www.faunia.es
- 💲 成人4欧元，16岁以下免费
- ⏰ 周一至周日10:00～20:00。12月24日、31日开放到18:00，1月6日、12月25日关闭
- ☎ 091-3307300

马德里生态园

适合孩子年龄：4～12岁
游玩重点：观看各种各样的动植物

马德里生态园（Madrid Ecological Park）集动物园、海豚馆、水族馆、飞禽馆为一身，深受当地孩子的欢迎。来到生态园孩子可以调动一切感官去体验不同的生态系统，你们可以穿行在热带丛林中，感受湿热和热带风暴，还会看到栖居在那里的各种奇妙生物。在欧洲最大的极地仿生生态系统，你可以近距离观察来自极地的各种动物在冰上和水中嬉戏。你还可以进入火山，或观察夜行动物的一举一动。在昆虫和蝴蝶区，与超过250种的小精灵等待你的拜访。带上孩子，走进这个神奇而精彩的世界吧！

亲子旅行资讯

- ✉ Av de las Comunidades, 28, 28032 Madrid
- 🚗 乘坐地铁9号线在Valdebernardo站下
- 🌐 www.faunia.es
- 💲 成人21欧元，3～12岁儿童15欧元，60岁以上老人15欧元，3岁以下儿童免费
- ⏰ 周一周五10:00～19:00，周六、周日10:00～20:00
- ☎ 090-2535545

自然博物馆

适合孩子年龄: 6～12岁
游玩重点: 观看动植物标本

自然博物馆（Museum of Natural History）是一个别致而让人惊喜的博物馆，里面保存了西班牙最重要的自然史标本。博物馆里保存了大约800万中动植物标本，是一个探索动物王国的窗口，从最小的昆虫类到大些动物的骨架，都应有尽有。

来到这里，你可以看到一头20世纪初由阿隆索八世狩猎到的大象的标本，一个在Asturiana海边捕获的8米长的巨大鸟贼，如果带孩子前来，他们一定感到非常惊喜。

亲子旅行资讯

✉ Calle de Jose Gutierrez Abascal, 2, 23006 Madrid

🚌 乘坐地铁7、10号线在G. Marañó站下，乘坐地铁6、8号线在N. Ministerios站下

🌐 www.mncn.csic.es

💰 成人6欧元，学生、儿童（4～16岁）3欧元，65岁以下退休人员和4岁儿童免费入场

🕙 周一至周五10:00～17:00；公共假期前周六、周日10:00～20:00（七、八月周六10:00～5:00）；1月6日、5月1日和25日闭馆

☎ 091-4111328

田园之家

田园之家（Casa de Campo）是马德里最大的城市公园，位于市中心以西。马德里游乐园和马德里动物园都位于这个公园之内。常有全家人在此休闲，享受好天气。在这里可以欣赏周围的松鼠、野兔和不同种类的野生鸟类。在公园里还能进行野餐，或者租辆自行车，带着孩子骑行。

适合孩子年龄: 6～12岁
游玩重点: 骑行、野餐、赏鸟等

亲子旅行资讯

✉ Paseo Puerta del Ángel, 1, 28011 Madrid

🚌 乘坐地铁5、10号线在Casa de Campo站下，在Calle del Marques de Urquijo大道转角的Paseo de Pintor Rosales乘坐缆车Teleferico可到达公园中央

☎ 091-4796002

马德里动物园水族馆

适合孩子年龄：3～13岁
游玩重点：欣赏海豚和鸟类表演

马德里动物园水族馆（Madrid Zoo Aquarium）坐落于马德里最大的城市公园"田园之家"中，由动物园、水族馆和儿童爱畜动物园组成，是各种动物、鸟类和海洋生物的家园。你想要观赏的绝大部分动物都可在园内找到，其中最引人注目的莫过于大熊猫，它们憨态可掬的样子让人喜爱。在神秘大自然厅内你可以见到各种古怪的爬行动物、两栖动物和鱼类；在水族馆中海豚馆内可以看到海豚表演，精彩绝伦的表演一定让孩子兴奋不已。

亲子旅行资讯

- ✉ Casa de Campo, s/n, 28011 Madrid
- 🚌 乘坐地铁10号线在Casa de Campo站下可到
- 🌐 www.zoomadrid.com
- 💰 成人14.9欧元，3～7岁儿童12.2欧元
- 🕐 11:00～18:00
- ☎ 090-2345014

华纳公园

华纳公园（Parque Warner Madrid）是一个充满欢乐的主题公园，位于马德里南部，进入华纳公园，就进入了好莱坞的奇幻世界。这里揭示了电影特效的秘密，并且邀请游客置身于《致命武器》《警察学校》等电影场景中，体验枪战、追捕、爆炸等动魄惊心的场景。这里有各种或惊险刺激，或轻松有趣的、与华纳兄弟电影相关的主题游乐设施，你可以乘坐刺激的过山车，和达菲鸭、兔宝宝等经典的卡通形象合影留念、观看话剧表演等，在这个奇幻世界中尽情享受刺激和惊喜吧！

适合孩子年龄：6～12岁
游玩重点：乘坐刺激的过山车，和达菲鸭、兔宝宝等经典的卡通形象合影留念、观看话剧表演等

亲子旅行资讯

- ✉ Camino de la Warner, S/N, 28330, San Martin de la Vega, Madrid
- 🚌 自驾车可由A4公路22号出口到达，乘坐410路公交车在Ctra M-503 KM 15.500站下
- 🌐 www.parquewarner.com
- 💰 成人33欧元，5～11岁儿童25欧元，60岁以上老人25欧元，5岁以下儿童免费
- 🕐 周五至周日11:00～22:00
- ☎ 090-2024100

摩尔公园

摩尔公园（Moore Park）坐落在曼萨纳雷斯河与王宫之间。之所以起这个名字，是因为这里曾是12世纪摩尔人军队包围马德里时的驻扎营地。国王菲利佩二世时期才开始将其作为花园。公园内的花草修建的很形象化，有童话世界的感觉。带上孩子，在公园中随意地漫步，或是打网球、放风筝，都别有一番趣味。

适合孩子年龄：6～12岁
游玩重点：散步

亲子旅行资讯

- Paseo Virgen del Puero, s/n, 280053 Madrid
- 乘坐地铁5号线和2号线在Ópera站下
- 夏季周一至周六10:00～20:00，周三和节假日9:00～20:00。冬季周一至周六10:00～18:00，周日和节假日9:00～18:00

萨巴蒂尼花园

适合孩子年龄：8～12岁
游玩重点：和卡洛斯三世雕像合影

萨巴蒂尼花园（Sabatini Garden）可以看作是马德里王宫的"御花园"，修建于20世纪30年代，为了纪念18世纪著名的意大利建筑师弗朗切斯科·萨巴蒂尼而命名。弗朗切斯科·萨巴蒂尼设计了马德里许多著名的建筑和纪念物，如阿尔卡拉门。在花园中，修剪成整齐几何形状的黄杨树篱和白色的水池融为一体。一家人可以在卡洛斯三世雕像旁合影，或是在草坪座椅上晒太阳，享受悠闲的午后时光。

亲子旅行资讯

- Calle Bailén, 2, 28013 Madrid
- 乘坐地铁6、10号线在Intercambiador de Principe Pio 站下
- www.madrid.es
- 091-5881000

马德里海军博物馆

马德里海军博物馆（Naval Museum Madrid）是马德里的国家级博物馆，里面介绍了15世纪以来西班牙的海军历史。博物馆里有导航工具、武器、地图、绘画等众多丰富多彩的藏品。馆内还陈列有西班牙海军称霸世界时的服饰和武器，从单根哥伦比亚原木上削制的巨型加农炮、船舰模型，以及诸如西班牙无敌舰队指挥官豪华总部等的一比一复制品。如果你的孩子对航海和武器感兴趣，不妨带他来这里看看。

适合孩子年龄：9～12岁
游玩重点：观看地图和武器等

亲子旅行资讯

- Paseo del Prado, 5, 28014 Madrid
- 乘坐地铁至Banco de España站下
- www.armada.mde.es
- 周二至周日：10:00～19:00。8月周二至周日10:00～15:00。1月1、6号及12月24、25号闭馆
- 091-5238789

马德里其他景点推荐

中文名称	外文名称	地址	网址
普拉多博物馆	Prodo museum	Calle Ruiz de Alarcón, 23, 28014 Madrid	www.museodelprado.es/en
索菲亚王后艺术中心	Museo Nacional Centro de Arte Reina Sofia	Calle de Santa Isabel, 52, 28012 Madrid	www.museoreinasofia.es
德波神殿	Templo de Debod	Calle Ferraz, 1, 28008 Madrid	www.munimadrid.es/templodebod
阿尔卡拉门	Alcalá Gate	Plaza de la Independencia, 1, 28014 Madrid	—
马德里市政广场	Plaza de la Villa	Plaza de la Villa, 5, 28005 Madrid	—
西贝莱斯广场	Plaza de Cibeles	Plaza de Cibeles, 1, 28014 Madrid	—
欧洲之门	Gate of Europe	Paseo de la Castellana 189/216, Madrid	
东方广场	Plaza de Oriente	Plaza de Oriente, s/n, 28013 Madrid	
哥伦布广场	Columbus Square	Calle del Marques de la Ensenada, 14, 28004 Madrid	—
王室赤足女修道院	Monasterio de las Descalzas Reales	Plaza Descalzas Reales, s/n, 28013 Madrid	www.patrimonionacional.es
阿穆德纳圣母教堂	Almudena Cathedral	Calle Bailén, 10, 28013 Madrid	www.catedraldelaalmudena.es
提森-博内米撒艺术博物馆	Teesson-Bonnet Misa Museum	Paseo del Prado, 8, 28014 Madrid	www.museothyssen.org/en/thyssen/home
塞拉伯博物馆	Museo Cerralbo	Calle de Ventura Rodrigue2,17, 28008 Madrid	www.museocerralbo.mcu.es
斗牛博物馆	Bu Ufighthng Museum	Calle de Alcalá, 237, 28028 Madrid	www.madrid.org
托莱多桥	Puente de Toledo	Puente de Toledo, 28005 Madrid	—
索洛亚博物馆	Museo Sorolla	Paseo del General Martínez Campos, 37, 28010 Madrid	www.museosorolla.mcu.es
埃尔巴尔多王宫	Royal Palace of El Pardo	Calle de Manuel Alonso, s/n, 28048 El Pardo, Madrid	www.patrimonionacional.es
马德里国立考古博物馆	The Nathonal Archaeological Museum in Madrid	Calle de Serrano, 13, 28001 Madrid	www.man.mcu.es
埃斯科里亚尔修道院	Royal Site of San Lorenzo de El Escorial	Av Juan de Borbón y Battemberg, s/n, 28200 San Lorenzo de El Escorial, Madrid	www.monasteriodelescorial.com
圣西内斯教堂	Iglesia de San Gines	Calle Arenal, 13, 28001 Madrid	—
穆罕默德一世公园	Mohamed I Park	Calle Bailén, Madrid	—
蜡像博物馆	Wax Museum	Paseo de Recoletos, 41, 28004 Madrid	www.museoceramadrid.com
圣马科斯教堂	Iglesia de San Marcos	Calle de San Leonardo, 10, 28015 Madrid	—

跟孩子吃什么

在马德里你可以吃到世界各地的美食。你可以先尝试当地最具代表性的食物——西班牙的Tapas小吃，当然你还可以选择餐厅里的套餐，一般套餐会包括头盘、主菜、甜点和一杯饮料或红酒。对于带孩子的游客来说，一定要和孩子尝尝利比里亚火腿、烤海鲷、马德里烩菜、土豆煎蛋饼等美食，吃完后不妨再点上一些美味的甜点。

马德里的特色美食

马德里的饮食融合了伊比利亚半岛各地的烹调风格，是一个美食汇集之地。在马德里著名的菜肴中，最值得一提的是马德里肉汤和牛肚，在马德里的一些知名餐厅里都能吃到这些菜。其他的名菜还有大蒜浓汤、蜗牛餐、土豆煎蛋饼、烤海鲷，所以在来马德里之前，最好空出肚子来，在马德里大吃一顿。

利比里亚火腿

利比里亚火腿吃起来咸鲜合一，入口后令人唇齿生香，正宗的利比里亚火腿制作起来不简单，它的原料是一种专门饲养的小猪，这种小猪皮黑肉红，只吃一种当地产的果子，但是肉质细嫩，加上一些秘制的调料，再将其风干，美味的火腿就制成了。

马德里烩菜

"懒人食品"——马德里烩菜是马德里最有代表性的菜肴，这是一种将豌豆、土豆、胡萝卜、芹菜或者卷心菜混在一起，放上牛肉、猪肉或者其他杂肉一起长时间焖煮，焖到菜和肉不分彼此，成为黏稠的肉汤为止，十分美味。

烤乳猪

烤乳猪的特色就是可以做两道菜。第一道菜是烤猪皮，乳猪的皮被炭火烤成橘黄色，口感又香又脆，再加上该饭店特制的调料，客人往往在品尝第一口后就赞不绝口；第二道则是烤猪肉，据西班牙美食家介绍，乳猪最鲜嫩的肉在两腿内侧，但由于是小猪崽，即便是大腿也只有一小块鲜肉。

马德里有趣的快餐Tapas

Tapas原意是小盘子。这是一个模糊而广泛的概念，可以指任何一"盘"与饮料相伴的食物，不过这食物现在通常是放在一小片面包上。在马德里，Tapas更多的是代表着一种生活方式，即尽情地享受美食，不停地、寻找与发现。

顾客可以从早已准备好的花样繁多的Tapas中任意选取几样，来搭配自己的饮料。这种吃法的魅力在于，通过不同的组合搭配，可以创造出无穷多的口味，每种都独一无二。

由于Tapas分量小，形式多样，所以马德里人好像蝴蝶一样，忙忙碌碌地进出街边的每一家酒吧，在每一家吃一点，绝不放过，但也绝不吃饱。这种场景每晚都会发生，可能会持续上三四个小时。

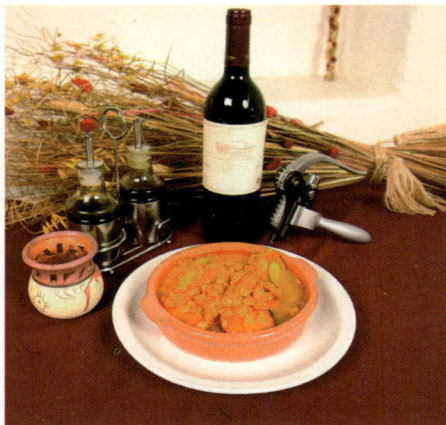

孩子最喜欢的餐厅

马德里堪称美食天堂，当地的特色菜肴数不胜数。如果你想品尝当地特色美食，那尝试一下马德里烩菜、烤乳猪、利比里亚火腿、什锦海鲜饭等，如果孩子吃不惯当地食物，则可以带孩子去中餐厅享受中国风味的美食。

●火腿博物馆

火腿博物馆（Museo del Jamón）不是真的博物馆，而是连锁餐厅的名字，这家餐厅在马德里有好几家分店。除了各类西班牙火腿的展示和介绍之外，这里还售卖火腿和酒，以及一些当地最常见的快餐食品，包括各种面包、蛋糕、咖啡和饮料。马德里的本地居民非常喜欢来这儿吃早餐或晚餐，这里也可以吃到地道的西班牙海鲜饭、豆子汤、牛肚汤等。

■ 地址：Gran Via, 72; Alcalá, 155; Atocha, 54　■ 网址：www.museodeljamon.com
■ 电话：091-5412023

●Casa Labra

这家餐厅坐落于太阳门广场周边，历史悠久，创建于1860年，是当地的老字号之一。这里最有名的开胃菜是炸鳕鱼（Bacalao Frito）。非常推荐这里的Tapas、炸丸子，鳕鱼肉饼也不要错过。

■ 地址：Calle de Tetuán, 12, 28013 Madrid　■ 交通：乘坐地铁1号线至Sol站下车
■ 网址：www.casalabra.es　■ 开放时间：周一至周日13:15～15:30, 20:15～22:00
■ 电话：091-5310081

●Restaurante Botin

这是一家米其林二星餐厅，是吉尼斯记载的世界上最古老的餐馆，而且据说是海明威经常去的餐厅，吸引了很多游客慕名而来。推开木质的厚重大门，眼前如时光倒流般充满着旧日的气息。古老的吧台、老旧的桌椅，连侍者都是花白头发的老者。烤乳猪和烤全羊是店内的招牌菜，猪肉绝对的皮焦里嫩，而且入味。

■ 地址：Calle Cuchilleros, 17, 28005 Madrid　■ 交通：乘坐M2.5.R号线到OPERA站下，徒步7分钟即到　■ 网址：www.botin.es　■ 开放时间：周一至周日13:00～16:00,20:00～24:00　■ 电话：091-3664217

●La Barraca

这家古朴的饭店墙上挂满了盘子，很有特色，其口碑甚佳，据称是马德里最好的餐厅之一。饭店以海鲜饭为招牌菜，这里的海鲜饭是按人份来卖的，而不是按照锅的，所以最少要两个人才能点，推荐尝试。

■ 地址：Calle de la Reina, 29, 28004 Madrid　■ 交通：乘坐地铁1、5号线至Gran Via站后徒步5分钟　■ 网址：www.labarraca.es　■ 电话：091-5327154

马德里其他餐厅推荐			
中文名称	外文名称	地址	电话
功夫餐馆	Kungfu Bar&Restaurante	Calle de la Luna, 12, 28004 Madrid	091-1633115
老头排挡	Restaurante Laotou	Calle Nicolás Sánchez, 35, 28026 Madrid	—
Wok自助餐厅	Restaurante Wok	Calle de Silva, 18, 28004 Madrid	091-5239678

和孩子住哪里

马德里拥有多种多样的住宿类型，既有豪华舒适的高级饭店，也有价格实惠、充满家庭气息的客栈。高档酒店大多分布在萨拉曼卡、普拉多大道、丽池公园等新城区，其余地段则大多是为商务或休闲旅游者提供的舒适型酒店，以三星级和四星级居多。对于带孩子的游客来说，如果你想在马德里游览各大景点的时候比较方便，就可以选择马约尔广场、太阳门广场、普拉多大道一带的住宿地。

● 阿克塔马德福酒店

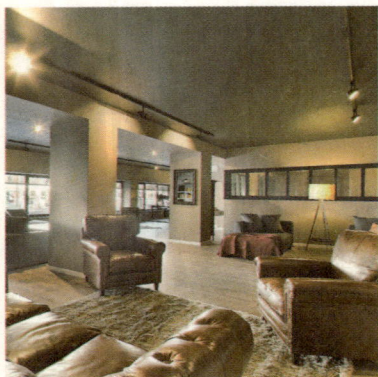

阿克塔马德福酒店（Hotel Acta Madfor）提供可欣赏田园之家和马德里王宫景致的智能客房，并设有24小时前台和露台。酒店浴室铺有瓷砖，并提供免费洗浴用品。酒店设有一个可享用小吃和早餐的休息区，并且提供洗衣服务、租车服务、穿梭机场班车、自行车租赁服务。

■ 地址：Paseo de la Flcrida, 13, 28008 Madrid ■ 网址：www.hotel-madfor.com
■ 电话：090-2222103

● 顶点酒店

顶点酒店（Vértice Roomspace）距离马德里市中心仅12千米，提供24小时前台、露台和健身房。旅馆每间宽敞的现代客房均设有带冰箱、微波炉和电炉的小厨房，里面还有空调以及平面卫星电视。酒店提供咖啡自动售货机以及洗衣服务。

■ 地址：Calle Laguna Dalga, 4, 28021 Madrid ■ 网址：www.verticehoteles.com
■ 电话：091-1300300

● 阿维尼达巴拉哈斯酒店

阿维尼达巴拉哈斯酒店（Hostal Avenida Barajas）提供带免费无线网络连接和私人浴室的实用客房，所有客房均设有中央供暖和空调，并拥有一间带卫浴用品和吹风机的私人浴室。酒店提供行李寄存服务，并设有全天24小时开放的前台。

■ 地址：Avenida de Logroño, 333, 28042 Madrid ■ 网址：www.hostalavenidabarajas.com ■ 电话：091-3056929

● 圣布拉斯旅馆

圣布拉斯旅馆（Hostal San Blas）提供带私人浴室、免费无线网络连接和空调的简约客房，酒店的客房配有电视、办公桌、干衣机、带吹风机的连接浴室。旅馆设有种有植物的私人庭院、自动饮料贩卖机和行李寄存处。旅馆提供班车服务、旅游票务服务、洗衣服务、机场班车服务等。

■ 地址：Atocha, 117, 28012 Madrid ■ 网址：www.hostalsanblasmadrid.com
■ 电话：091-4202474

● TH香拉佛罗里达旅馆

TH香拉佛罗里达旅馆（TH La Florida）提供时尚且舒适的客房，还提供公寓，设有独立的起居区、厨房和免费的无线网络连接，还设有一间酒吧和一间餐厅（营业时间为每日的早餐和午餐时段），并在平日提供自助餐厅服务。酒店还拥有一个宁静的花园，可以带孩子去散步。

■ 地址：Proción, 12, 28023 Madrid ■ 网址：www.th-laflorida.com ■ 电话：091-3728893

马德里其他住宿地推荐

中文名称	外文名称	地址	网址	电话	费用
阿拉瓦卡花园酒店	Hotel Aravaca Garden	Calle de Burgohondo, 8, 28023 Madrid	www.hotelaravacagarden.com	091-37292670	约30欧元起
唐路易酒店	Hotel Don Luis	Avenida Genera, 12,Madrid	www.hoteldonluis.com	091-3120430	约34欧元起
劳斯考罗纳尔斯旅馆	Hostal Los Coronales	Calle de Briones, 38, 28042 Madrid	www.hostalcoronales.es	091-7481545	约34欧元起
马德里瓦伦西亚旅馆	Hostal Valencia Madrid	Calle Gran Vía, 44 28013 Madrid	www.hostal-valencia.com	091-5221115	约36欧元起
NH莱加内斯快捷酒店	NH Leganes Express Hotel	Esteban Terradas, 13, 28914 Leganés, Madrid	www.nh-oteles.es	091-4811091	约45欧元起
VP雷科莱托斯花园酒店	VP Jardin de Recoletos	Calle Gil de Santivanes, 6, 28001 Madrid	www.recoletos-hotel.com	091-7811640	约140欧元

给孩子买什么

说马德里是购物天堂一点都不为过，从二手的小物件到高级时装品牌应有尽有。你可以购买马德里的当地特产，如橄榄油、弗拉门戈服饰等。此外，由于西班牙的特殊气候和地理条件其出产的葡萄酒质量上佳，你可以购买一些给亲朋好友。对于带孩子的游客，不妨给孩子买可爱的TOUS淘气小熊，如果是男孩子的话，可以购买印有球员名字和号码的球衣或其他足球纪念品，相信他一定会喜欢的。

孩子们的购物乐园

La Vaguada购物中心是一家人气颇高的购物休闲中心，如果累了，那就带孩子去购物中心里的麦当劳或肯德基等连锁餐厅享受美食吧。你也可以带孩子去里面的电影院看一场最新的电影或者卡通片，一定能让孩子安静下来。这家购物中心的3楼还有一个为孩子精心设计的主题园，孩子到了这里面一定会流连忘返。

不可错过的购物地

马德里有4个重要的购物区，分别是萨拉曼加区（Salamanca）、楚埃卡区（Chueca）、中区（Centro）、大学区（Universidad）。这4个地方可以买到几乎可以买到你想到的任何东西。另外，在市中心格兰大道购物街有很多本土服饰箱包的专卖店，Zara、Mango等应有尽有，且比国内便宜很多。如果你想淘点价廉物美的旧货，可以去位于卡斯喀罗广场附近的跳蚤市场，你会在此发现许多意想不到的好东西。

● 英格列斯百货公司

英格列斯百货公司（El Corte Inglés－Castellana）是全球第三大百货公司集团，也是西班牙最大的零售集团。该百货公司本身拥有很多自己的品牌，其皮具和男士衬衣都做得很不错，如果不考虑品牌的话，一些本地的手工制作的皮具也是相当吸引人的。

■ 地址：Plaza de Callao,2,28013,Madrid　■ 交通：乘地铁 3号线至Cauao站下
■ 电话：091-3798000　■ 网址：www.elcorteingles.es

● 圣米格尔市场

圣米格尔市场（Mercado de San Miguel）位于马约尔广场西侧，出售大量的美味食材和新鲜食物，你会在鳞次栉比的店铺中找到鲜奶酪、肉类、面包、面条、水果、蔬菜、蛋糕等几乎所有欧洲人喜爱的家常食物。此外，这里也有足够的餐桌供游人品尝小吃，或者开一瓶西班牙红酒小酌，享受马德里街道上喧闹的时光。

■ 地址：Plaza de San Miguel, s/n, 28005, Madrid　■ 交通：搭乘地铁2、5、R线至Opera站，再向南步行约5分钟可到　■ 营业时间：周日至下周三10:00～24:00，周四至周六10:00～20:00　■ 电话：091-5424936　■ 网址：www.mercadodesanmiguel.es

● 埃尔拉斯特洛跳蚤市场

如果想淘物美价廉的旧货，可以去位于卡斯喀罗广场附近的跳蚤市场。这里销售的东西也是各式各样、种类繁杂，比如旧衣服、旧鞋、古董、老照片、花草，甚至家居用品之类。你可以在热闹的人群中走走看看，也有可能淘到历史悠久的宝贝。

■ 地址：Calle Ribera de Curtidores, s/n, 28005 Madrid　■ 交通：搭乘5号线地铁在La Latina站下　■ 营业时间：周日8:00～15:00　■ 电话：091-5298210

马德里其他购物地推荐

名称	简介	地址	电话	网址
FNAC商城	有各类CD、DVD、电子产品和书籍。其中三层出售英语类书籍	Calle Preciados, 28, 28013 Madrid	090-2100632	www.fnac.es
National Geographic	有国家地理的各类书籍、旅行杂志、国家地理周边产品、装饰品等	Calle Gran Vía, 74, 28013 Madrid	091-2798480	www.ngmadridstore.com
La Antigua	这家店卖的衣服、饰品很有设计师自己的风格和创意	Corredera Baja de San Pablo, 45 Malasaña Madrid 28004	091-1425499	www.laantiguadepez.blogspot.com
Pepita is Dead	几乎包括了20世纪50年代到80年代的各种类型、风格的衣服鞋帽及配饰	Calle del Doctor Fourquet, 10, 28012 Madrid	091-5288788	www.pepitaisdead.es
Karibú Regalos	这是一家原创礼品店，在这里你可以找到千奇百怪的家居用品和很有意思的鞋、包等	Calle de Manuela Malasaña, 29, 28004 Madrid	091-1153674	www.tiendakaribu.com
La Integral	这里的商品都是由马德里当地的民间艺术家、服装师制作的，设计别出心裁	Calle León, 25, 28014 Madrid	091-4296918	www.laintegral25.com

在马德里的出行

马德里交通便利，不仅拥有欧洲最便捷之一的地铁网络，在地铁覆盖不到的地方还有公交车线路。对于带孩子的游客来说可以乘坐地铁或公交出行。游览景点也可以选择缆车和观光巴士，或者租车或租自行车出游，享受不一样的旅游体验。

马德里交通卡

马德里交通卡是在有效期内可以任意乘坐所有公共交通工具的票，是你游览马德里最经济实用的选择。按照时间可分为 5种不同的票，即1日、2日、3日、5日 及7日票（按照自然日计时）。

马德里交通卡可以在马德里地铁的任何一个站内购买，也可以在8号地铁线的两个机场的旅游信息中心购买，或在游客中心、公交公司办公室、旅游点、网上在线购买。一些烟草亭(Tabacos)和书报亭也有交通卡出售。11岁以下儿童享受半价优惠。

使用者可在以下两个区域内使用马德里交通卡： A区，包括地铁、市内公共汽车、近郊火车、轻轨ML1线； T区，包括上述服务外加整个马德里自治区内的公交车，到瓜达拉哈拉市(Guadalajara)、托莱多(Toledo)、南部地铁TFM(从Puerta de Arganda 到 Arganda del Rey)、轻轨ML2和ML3线以及到Parla卫星城的有轨电车。

马德里交通卡票价信息

区域	1日	2日	3日	5日
A区	8.4欧元	14.2欧元	18.4欧元	26.8欧元
T区	17欧元	28.4欧元	35.4欧元	50.8欧元

潮爸辣妈提示

乘坐地铁和公共汽车请买票且别忘记在进门的打票机上给车票打上记号，若遇到工作人员不定期查票，逃票将会被处以20欧元左右罚款。马德里大部分的公交车上都提供免费的Wi-Fi服务。

公交车

马德里公交系统由EmpresaMunicipal de Transportes de Madrid（EMT）经营，固定往返于城市中的大部分地区，可以覆盖一些地铁不能到达的地方。

信息	公交车
运行时间	大部分线路6:30～23:30
发车间隔	因线路不同稍有区别，约4～15分钟
票价	单程票价1欧元
购票	可从地铁站、一些烟草店或公交车上直接购票
网址	www.emtmadrid.es
夜班车（Búhos, night owls）	夜班车从西贝莱斯广场出发，从午夜运营至6:00，发车间隔大约20分钟

地铁

马德里地铁是欧洲最便捷的地铁网络之一，共有12条常规线路以及一条用于短驳的R线，按照不同颜色区分。地铁的自动售票机全部为西班牙语和英语的双语售票系统，易于操作。地铁路线图可在旅游中心或地下铁售票处取，或是提前打印，马德里地铁官网www.metromadrid.es。

地铁运营时间为每日6:00至次日凌晨1:30，平日里每趟列车约间隔2～3分钟，节假日和凌晨运营时段则间隔时间较长。7号线Pitts站、9号线Puerta de Arganda、Arganda del Rey站采用不同的运营时刻表，出行时需注意。

地铁系统分为A、B1、B2、B3、C1、C2、E1、E2等区域，跨区域乘车必须要买不同价格的车票。单次票为1.5欧元（限5站以内），6～9站每站0.1欧元，最高2欧元。10次票售12.2欧元。机场地铁专线附加费收取每次3欧元。

缆车

缆车（Teleferico）把马德里和它最大的绿化区Casa de Campo连接起来,总长2.5千米。缆车横跨花园、河流、教堂,乘客在缆车上能够浏览美丽的风景,从历史古迹到自然风光一览无余,可以从一个独一无二的角度欣赏马德里。

> ■ 地址：Paseo del Pintor Rosales,s/n,28011,Madrid ■ 交通：乘坐3、4、6号线地铁在Arguelles站下 ■ 票价：成人单程票3.25欧元,往返4.65欧元；3～7岁儿童单程票3欧元,往返3.8欧元；老人单程票3.2欧元,往返3.7欧元 ■ 开放时间：周一至周五12:00～18:00,周日和节假日12:00～18:30 ■ 电话：091-5417450

观光巴士

观光巴士分为蓝色车身的现代马德里（Modern Madrid）线以及红色车身的古典马德里（Historical Madrid）线,前者途经马德里的现代化市区和商业中心,后者则会让乘客欣赏到太阳门广场、马德里王宫等古老建筑。从每天上午10:00到日落时分,游客还可以乘坐名为Go Madrid的双层观光巴士。

观光巴士全程约75分钟,每20分钟发一班车。车票分为1天17.5欧元和2天22欧元两种,持票乘客可以选择在任意站点上下车,并在票面所属天数内无限次乘车。车票可在部分旅行社、宾馆或观光巴士上直接购买,巴士起点位于普拉多博物馆和丽兹酒店之间Felipe IV大道上。

出租车

马德里的出租车是白色的,如果车顶的绿灯亮着说明是空车。出租车市内都有停靠站,从一些地方出发或到达需要加额外费用,比如机场、火车站。绝大多数出租车司机不讲英文,所以你应该知道你目的地的西班牙文名字和地址,出示给出租车司机。另外,周末晚一点的时候出租车很难拦到,尤其是下雨的时候。

马德里的出租车按时段收费,如果选择打表计费,6:00～22:00的起步价为1.95欧元,之后每千米加收0.92欧元；22:00至次日6:00的起步价为2.15欧元,之后每千米加收1.06欧元。例外情况是周六22:00至周日6:00,起步价会提高到2.95欧元。

自行车

马德里骑自行车游览很方便,地面平整,还有很多存车点。老城中心的几条街已经转变成混合交通方式,步行者和骑自行车的人比机动车优先。沿市内的曼萨讷雷斯河还有新的自行车道,能够连接主要的公园。周末及节假日所有地铁线路都可以将自行车带上地铁,工作日的10:00～12:30以及21:00以后也可以带上自行车进入地铁。

马德里自行车租赁信息			
公司	地址	电话	网址
Bikespain	Plaza de la Villa, 28005 Madrid	091-5590653	www.bikespain.com
Bravo Bike	Calle de Juan Álvarez Mendizábal, 19, 28008 Madrid	091-7582945	www.bravobike.com

专题：乘草莓小火车开启难忘之旅

当你看到草莓小火车时一定会感到很好奇，想知道它是什么吗？别急，快快随我一起看来。草莓小火车往返于马德里（Madrid）和阿兰胡埃斯（Aranjuez）。在木质的老式车厢内，最大的萌点就是复古装扮的乘务员会用提篮盛装阿兰胡埃斯草莓供游客品尝。

● 草莓列车名字的由来

这趟列车由1928年制造的蒸汽车头拖动，车头的名字是鲍德温，4节车厢是木制的，产于1914~1930年，另有两节非木制车厢是20世纪60年代生产的。当时，这趟列车除了载客外，还允许同时运输沿途的农产品（草莓和芦笋），而且复古装扮的乘务员会用提篮盛装阿兰胡埃斯草莓供游客品尝，所以"草莓列车"由此而得名。

● 乘坐草莓火车：从马德里到阿兰胡埃斯

火车站长敲钟为草莓火车（El Tren de la Fresa）放行，草莓火车重走西班牙第二条，也是马德里自治区的第一条铁路线，从原来的Delicias火车站、现在的铁路博物馆（Museo del Ferrocarri）出发。草莓火车一般在5月至10月的周末运行，7月、8月停运，全程1小时。这辆蒸汽火车不再使用煤炭，而是采用液体燃料，途中除了有草莓品尝外，还会有戏剧表演等娱乐活动。

● 草莓列车资讯信息

火车出发日期

5月：11、12、18、19、25、26日。

6月：1、2、8、9、15、16、22、23、29、30日。

9月：7、8、14、15、21、22、28、29日。

10月：5、6、12、13、19、20、27日。

去程

出发：10:00于马德里Museo del Ferrocarril（地址：Paseo de las Delicias,61 地铁：3号线Delicia或Palos de la Frontera一站）出发

到达：11:00到达Aranjuez火车站

回程

出发：18:00于Aranjuez火车站出发

到达：19:00到达马德里Museo del Ferrocarril

票价

成人：29欧元。

儿童：4～12岁21欧元，4岁以下不占座的幼儿免费

小小车票大作用

1.可以享用穿中古世纪制服的列车员提供的大草莓；2.参观斗牛博物馆（Museo Taurino）可享受半折优惠；3.包括皇家园林门票（配导游）及驳船博物馆门票；4.包括从车站到景点的空调旅游大巴费用。

订票地点

1.在提供预售票的火车站点预订；2.在授权的旅行社预订；3.通过西班牙铁路局Renfe电话预订090-2320320或网上预订，网址为www.renfe.com。

地址：Paseo de las Delicias, 61 28045 Madrid, España（马德里火车博物馆地址）

● 草莓列车途经的主要景点

Palacio Real：在这座王宫中可以欣赏到公主、王子的寝室、王室的婚纱礼服，能满足孩子的各种好奇心。

阿兰胡埃斯（Aranjuez）位于马德里郊外，隶属马德里自治大区，因为罗德里格的阿兰胡埃斯音乐会（Concierto de Aranjuez）而成为古典音乐爱好者向往的地方。阿兰胡埃斯宫及其御花园还被列入世界文化遗产，值得一游。值得一提的是被称为Gangos的餐馆，在这些分布在塔霍河沿岸的饭店里可品尝沙拉、小饼和蒜油兔肉。

古老的火车、乘务员高雅不俗的着装、诱人美味的草莓、加上一个独特美丽的目的地，怎能让人不蠢蠢欲动呢！有机会的话，带着孩子去乘坐草莓火车感受一下吧！

如何在马德里跟团游

对于带孩子来西班牙旅行的游客，一般会选择跟团游，如果已经在国内的组团社报了团，就应当知道马德里当地的地接社是否有接机服务，到了目的地的机场应当联系谁，是否需要游客自己到地接社、怎样能到直接到达等一系列问题。这样到达了目的地才不会慌乱无措。如果没有在国内报团，就需要到了西班牙之后在当地报团，马德里有很多华人开的旅行社，这些旅行社既能作为地接社团，又能作为组团社建团，给出行带来了极大的便利。

在马德里怎样报团

● 马德里的组团社

马德里知名的组团旅行社非常多，所以建议孩子父母多对比然后再报团。下面介绍的旅行社可以用中文与其工作人员沟通，非常便利。下面资讯中的电话，建议到了西班牙当地再拨打，若是用中国手机号漫游拨打，手机话费会很高。

马德里著名华人旅行社				
中文名称	网址	电话	地址	简介
西班牙神州旅行社	www.promochina.net/cn	091-5482187	Gran Vía,73 4ª C 28013 Madrid	西班牙神州旅行社的西班牙文名为"Viajes Promochina"，是在西班牙合法注册的华人旅行社，并且提供订房、订机票、订汽车及接送等单项服务
星空国际旅行社	www.startour.es/cn/quienso mos.html	091-4297027	马德里市中心分社：C/Plaza de Cascorro,10,28012 Madrid	是西班牙华商协会及西班牙青年商会机票定点采购特约供应商，可协助预订酒店、交通，饭店等
西班牙王朝国际旅行社	www.xbywc.com	091-5179082（西班牙）010-58627131（北京）	C/Ferrocarril 18 Planta 2 oficina 2,28045 Madrid	公司总部位于马德里，并在北京、上海两大城市设有办事处，还提供夏令营项目

111

● 报旅行团的步骤

上面这些旅游团都提供中文服务，所以游客到了西班牙不必担心语言障碍等问题。接下来就是要签订旅游合同，看旅游行程，确定旅游行程中所含的内容，有不明白的一定要问清楚。

1.首先要到旅行社选择好自己的旅游线路。

2.签订合同，一定要看清楚合同内容，把不明白的问题一定要问清楚。

3.保险有很多种，问清楚旅行社给你买的是哪些保险，如果没有保险单必须在合同上写清楚。

4.确认出发时间和地点。

5.留下自己的电话和旅行社的电话，必须保持畅通，最好多留几个电话，要求旅行社提前通知出团时间。

马德里知名的地接社

对于带孩子去境外游的游客来说，如果在境内报团，在当地有直接的接待社对于父母来说肯定是很有必要的，这样既节省了时间又非常方便。下面简单介绍两家马德里当地的地接社，供前往马德里的游客参考。

马德里知名地接社					
中文名称	英文名称	网址	电话	地址	简介
西班牙欧洲假日旅行社	WESTRIP, S,L	www.xbyly.com	091-0060059	C/ Raquel Meller 3，28027 Madrid	西班牙欧洲假日旅行社是一家有正式旅游执照的公司，提供预订酒店、预订用车、设计行程等服务
西班牙欧翔国际旅行社	AZA TRAVEL	www.azalyou.com	091-1622916	Paseo de Losolivos,58，28011 Madrid	服务包括接待华人游客欧洲游，并根据客人具体要求设计安排各类个性化旅游线路，接待西班牙、葡萄牙各类商务考察、公务、公司奖励旅游等

马德里周边

自驾游

在马德里玩一圈下来，很多有余力的父母都想自驾带着孩子到周边转转，自驾一方面可以随意安排自己的行程，另一方面也可以在路上领略别样的风景。自驾可以先从马德里前往波苏埃洛—德阿拉尔孔，顺带游览一下沿途的自然美景。再到阿尔科文达斯，领略一下小镇的非凡美景，在这一路上还可以享受到公园迷人的草地。然后到达科斯拉达，最后返回至马德里。这里提供一个自驾游的地图供参考，油价成本以大众高尔夫1.4L自动挡或同等车型全新车辆为例，耗油5升/100千米。

两地约22.3千米，
耗油约1.43欧元，
用时约20分钟

阿尔科文达斯
Alcobendas

Aeropuerto Adolfo
Suarez Madrid-Barajas

两地约18.2千米，
耗油约1.17欧元，
用时约18分钟

M-40

A-6

arque Dehesa
de la Villa

Mercado de Chamartín

M-11

M-30

E-5

E-90

M-40

M-30

Casa de Campo

马德里
Madrid

M-30

两地约15.7千米，
耗油约1.01欧元，
用时约16分钟

波苏埃洛—德阿拉尔孔
Pozuelo - de Alarcon

两地约12.9千米，
耗油约0.83欧元，
用时约12分钟

15

科斯拉达
Coslada

马德里周边自驾路线示意图

113

马德里自驾体验

在西班牙自驾，不论是市区还是郊外，高速公路网络都相当发达，一般分为收费和免费两种高速公路，注意分辨。即使在高海拔的山区，完善的公路系统也能保证高速顺畅地行驶。在城市中最好不要开车，狭窄的街道、复杂的单行道、西班牙语的指示牌都会造成一些困扰。在古老的城市中停车也是个问题，事先了解好酒店是否有停车位非常重要。当你在高速公路上的休息站休息时，还能发现意外的美食，甚至还有提供Tapas的小餐馆，不要错过。

🌟 马德里省钱大比拼

对孩子优惠的景点			
景点名称	孩子玩点	优惠信息	地址
马德里王宫	参观皇家军械库	成人10欧元；14～16岁（青少年凭身份证或护照）5欧元；5岁以下免费	Calle Bailén, s/n, 28071 Madrid
太阳门广场	观看街头艺人的表演	免费	Plaza de la Puerta del Sol, s/n, 28013 Madrid
马约尔广场	观看艺人表演	免费	Plaza Mayor, s/n, 28005 Madrid
普拉多博物馆	近距离欣赏戈雅、委拉斯凯兹、提香、博斯等大师的真迹	65岁以上欧盟公民或青年卡持有者7欧元；低于18岁或18～25岁的学生免费	Calle Ruiz de Alarcón, 23, 28014 Madrid
西班牙广场	观看建筑	免费	Plaza de España, 28008 Madrid
索菲亚王后艺术中心	观看艺术作品	常设展览加临时展览8欧元，临时展览4欧元；18岁以下或65岁以上、25岁以下学生、欧洲青年卡持有者免费	Calle de Santa Isabel, 52, 28012 Madrid
布恩雷蒂罗公园	观看野生动物	免费	Plaza de la Independencia, 7, 28001 Madrid
伯纳乌球场	俯瞰球场、观看球赛	参观免费，若观看比赛，则以门票为主	Av de Concha Espina, 1, 28036 Madrd
德波神殿	观看具有埃及特色的建筑	免费	Calle Ferraz, 1, 28008 Madrid

景点名称	孩子趣点	优惠信息	地址
阿尔卡拉门	看马德里古老城门	免费	Plaza de la Independencia, 1, 28014 Madrid
马德里市政广场	散步、观看建筑	免费	Plaza de la Villa, 5, 28005 Madrid
阿穆德纳圣母教堂	观看彩绘玻璃	教堂是免费开放的，门口的捐赠箱建议捐1欧元	Calle Bailén, 10, 28013 Madrid
提森-博内米撒艺术博物馆	观看绘画作品物	永久性展览10欧元，65岁以下（凭有效证件）、学生7欧元，12岁以下儿童免费	Paseo del Prado, 8, 28014 Madrid
卡伊莎文化中心	参观垂直立体空中花园	1€岁以下免费	Paseo del Prado, 36, 28014 Madrid
马德里生态园	观看动植物	3~12岁儿童15欧元，60岁以上老人15欧元，3岁以下儿童免费	Av de las Comunidades, 28, 28032 Madrid
华纳公园	玩各种游戏	5~11岁儿童25欧元，60岁以上老人25欧元，5岁以下儿童免费	Camino de la Warner, S/N, 28330, San Martin de la Vega, Madrid
穆罕默德一世公园	观看雕塑	免费	Calle Bailén,Mcdrid
萨巴蒂尼花园	观看雕塑、漫步	免费	Calle Bailén, 2, 28013 Madrid
蜡像博物馆	观看各种蜡像	免费	Paseo de Recoletos, 41, 28004 Madrid

最好的学习在路上

带孩子游西班牙

PART3

带孩子游巴塞罗那

117 ▶ 155

巴塞罗那濒临地中海，是西班牙第二大城市。由于气候宜人、风光旖旎、古迹遍布，巴塞罗那素有"伊比利亚半岛的明珠"之称，是西班牙最著名的旅游胜地。你可以带孩子去游览巴塞罗那的博物馆和艺术馆，参观来自不同地区和不同时期的作品，也可以带孩子去参观来自鬼才建筑师高迪的杰作，在巴特罗之家、米拉之家等景点感受高迪建筑的精髓，或者带孩子去欣赏著名的圣家族大教堂。来到巴塞罗那一定会让你和孩子玩得尽兴。

带孩子怎么去

乘飞机到达巴塞罗那

　　带着孩子出行，能够乘坐自己所在城市到巴塞罗那的直达航班是所有父母的需求。可是目前没有从中国直达西班牙巴塞罗那的航班。为了节省时间，可以选择从北京、上海、广州和香港等地乘坐到巴塞罗那的中转航班。下表列举了一些中转航班，游客可据需求选择。

中国到马德里的中转航班资讯							
承运公司	航班号	线路	中转城市	停留时间	转乘航班	起飞时间	到达时间
英国航空	BA038	北京→伦敦→巴塞罗那	伦敦	4小时15分钟	英国航空BA2050	11:15	22:25
英国航空	BA38	北京→伦敦→巴塞罗那	伦敦	3小时50分钟	英国航空BA2710	11:15	22:05
南方航空	CZ303	广州→伦敦→巴塞罗那	伦敦	4小时15分钟	英国航空BA205	9:30	22:25
俄罗斯航空	SU20	北京→莫斯科→巴塞罗那	莫斯科	2小时10分钟	俄罗斯航空SU2638	2:30	11:15
俄罗斯航空	SU201	北京→莫斯科→巴塞罗那	莫斯科	6小时50分钟	俄罗斯航空SU2514	2:30	15:50
东方航空	MU787	上海→莫斯科→巴塞罗那	莫斯科	3小时25分钟	俄罗斯航空SU2512	11:40	23:00
东方航空	MU787	上海→罗马→巴塞罗那	罗马	2小时15分钟	意大利航空AZ78	12:30	23:15
汉莎航空	LH721	北京→法兰克福→巴塞罗那	法兰克福	1小时20分钟	汉莎航空LH1132	10:30	18:05

从机场到巴塞罗那市

　　巴塞罗那一共有3个机场，但是除了巴塞罗那国际机场在巴塞罗那市区，另外两个Reus和Girona机场都位于巴塞罗那附近的小城市旁，主要停靠各家廉价航空。我国从国内到巴塞罗那的航班主要依靠在马赛罗那国际机场。

● 从巴塞罗那国际机场出发

　　巴塞罗那国际机场又名安普拉特机场（El Prat），距离巴塞罗那市区约16千米，是欧洲地区重要的交通港和机场。从机场前往巴塞罗那市区可乘坐机场大巴、出租车、公交巴士等交通工具。

■ 地址：08820 El Prat de Llobregat, Barcelona ■ 网址：www.aena–aeropuertos.es ■ 电话：090-2404704

巴塞罗那国际机场至巴塞罗那市的交通			
交通方式	外文	介绍	时间及票价
公交巴士	Bus	公交巴士46路在西班牙广场（Pl. D'Espanya）站和机场往返，沿途多站停靠，主要在白天运行	平均30分钟一班，单程票价为1.4欧元
出租车	Taxi	从T1、T2航站楼乘坐出租车是非常方便的	到市内车程大约为30分钟，票价约为25欧元
机场巴士	Aerobus	在1、2号航站楼和加泰罗尼亚广场之间有多站停靠，主要在上午运行	每10分钟一班，单程30～50分钟，单程票价为5.3欧元
机场轻轨	Renfe	在机场和市区的轻轨Sants站之间每天都有轻轨往返，各班次主要在6:00～23:00运行	平均每30分钟一班，单程约20分钟，票价2欧元
夜间巴士	Nitbus	夜间巴士N17路在西班牙广场/加泰罗尼亚广场和机场之间往返，加泰罗尼亚广场发车的巴士运营时间为23:00至次日5:00；西班牙广场发车的巴士运营时间为23:10至次日4:40；机场发车的巴士运营21:50至次日4:50	平均每20分钟一班，单程票价为1.4欧元

● 从Reus机场出发

　　这座机场位于Tarragona附近，主要停靠瑞安航空航班。巴士公司Hispano Igualadina会根据瑞安航空的航班安排往返巴塞罗那火车站Sants的巴士，车程约为2个小时。可在机场出口处Hispano Igualadina公司的办公室及巴塞罗那火车站的售票处购买巴士车票，单程12.5欧元，往返22欧元。

> ■ 地址：Autovía Tarragona-Reus, s/n, 43204 Reus, Tarragona　■ 网址：www.aena-aeropuertos.es　■ 电话：090-2404704

● 从赫罗纳机场出发

　　赫罗纳机场（Girona-Costa Brava Airport）位于巴塞罗那北部的小镇Girona，主要停靠廉价航空航班。该机场有到巴塞罗那汽车北站（Barcelona Nord）的Sagales公司的巴士，车程约为1.5小时。单程票价12.5欧元，往返25欧元。

> ■ 地址：17185 Vilobi de Onyar. Girona　■ 网址：www.aena-aeropuertos.es
> ■ 电话：097-2186600

亲子行程百搭

市内百搭

　　巴塞罗那市中心的景点很多，足够让一家人游玩两三天时间，想要轻松愉快点的可以按照趣味之旅路线游玩，喜欢休闲点的可以按照乐趣之旅路线游览，喜欢探险点可以按照冒险之旅路线参观。喜欢自由的也可以将这些路线随意搭配。要注意途中休息一下，让孩子时刻保持快乐的心情。

趣味之旅

乘坐出租车从走Av. Portal de l'Àngel、Plaça de Catalunya、Ronda de la Universitat和Carrer Sepúlveda驶入Av. de Rius i Taulet。全程所需12分钟

❶ 魔幻喷泉 〔1小时〕
Magic Fountain

乘坐出租车从走Av. de Rius i Taulet驶入Av. del Paral·lel，继续沿Passeig Don Joan Borbó Comte Barcelona行驶。开往Carrer del Baluard。全程所需16分钟

❷ 巴塞罗那塔海滩 〔2小时〕
Barceloneta Beach

乘坐地铁4号线到Ciutadella / Vila Olímpica站下，乘坐T4路有轨电车到Ciutadella|Vila Olímpica站或Wellington站下

❸ 城堡公园 〔1.5小时〕
Parque de Castillo

乘坐116路公交车至Larrard–Olot站下车即可，或乘坐24路公交车至Parc Güell站下车即到

❹ 古埃尔公园 〔1.5小时〕
Park Guell

乐趣之旅

乘坐地铁3号线至Diagonal站后，向东步行约5分钟可到；乘坐22或24路公交车在Pg de Gràcia–Rosselló站下车，向南步行5分钟左右即可

❶ 米拉之家 〔1小时〕
La Pedrera

乘坐17、45、N8、V17公交车到Via Laietana – Pl. Ramon Berenguer站下

❷ 巴塞罗那大教堂 〔1小时〕
Barcelona Cathedral

乘坐地铁3号线到Drassanes站下，L4线地铁到Barceloneta站下；乘坐V17路公交车到Port Vell站下车

❸ 巴塞罗那水族馆 〔1小时〕
L'Aquarium de Barcelona

乘坐14、17、36、39、40、41.45、51.57、59、100、141.157路公交车均可到

❹ 巴塞罗那动物园 〔2小时〕
Barcelona Zoo

冒险之旅

乘坐地铁3号线至Paral·lel站后，笔直向南步行约10分钟可到

❶ 蒙锥克城堡 〔1.5小时〕
Castell de Montjuic

搭乘地铁3号线在Drassanes站下即可到达

❷ 巴塞罗那蜡像馆 〔2小时〕
Museu de Cera de Barcelona

乘坐出租车从Carrer de Trafalgar驶入Passeig de Lluís Companys，向右转，进入Passeig de Lluís Companys后开往Catalunya的Carrer del Comerç。全程所需12分钟

❸ 巧克力博物馆 〔1.5小时〕
Museu de la Xocolata

乘坐出租车从Carrer del Comerç驶入Passeig de Pujades，开往Carrer de la Marina，继续沿Carrer de la Marina开往Ronda del Guinardó然后向右转，进入Carrer del Císter即可到达

❹ 巴塞罗那科学博物馆 〔2小时〕
Cosmo Caixa Barcelona

巴塞罗那市内百搭线路示意图

地图标注：
- 古埃尔公园 Park Guell
- La Sagrera Meridiana
- 巴塞罗那科学博物馆 Cosmo Caixa Barcelona
- 圣十字圣保罗医院 Hospital de la Santa Creu í Sant Pau
- Barcelona-Clot-Arago
- 巧克力博物馆 Museu de la Xocolata
- Verdaguer
- 米拉之家 La Pedrera
- Monasterio de Pedralbes
- 城堡公园 Parque de Castillo
- 巴塞罗那大教堂 Barcelona Cathedral
- 巴塞罗那蜡像馆 Museu de Cera de Barcelona
- 巴塞罗那动物园 Barcelona Zoo
- Camp Nou
- 巴塞罗那塔海滩 Barceloneta Beach
- 魔幻喷泉 Magic Fountain
- 巴塞罗那水族馆 L'Aquarium de Barcelona
- 蒙锥克城堡 Castell de Montjuic

周边百搭

巴塞罗那市周边的景点很多，足够让一家人游玩一两天时间，想要轻松愉快点的可以按照乐园之旅路线游玩，喜欢自然点的可以按照混搭之旅路线游览。要注意途中休息一下，让孩子时刻保持游玩的好心情。

乐园之旅

乘坐地铁3号线往Canyelles方向，在Mundet下车。从右边Muntanya出口上站，出去后沿大路往上坡走，然后在第一个路口右转弯，走200米左右，左边有宽阔石阶，踏石阶而上即可到达

❶ 奥尔塔迷宫花园 `3 小时`

Parque del Laberinto de Horta

>> 可选择从巴塞罗那市区的加泰罗尼亚广场(Plaça Catalunya)搭乘T2A旅游巴士前往

❷ 迪比达波游乐园 `2 小时`

Parc d'Atraccions Tibidabo

>> 乘坐出租车Ctra. Sarrià a Vallvidrera后继续沿Av. dels Montanyans行驶。开往Carrer del Mirador del Palau Nacional。全程所需35分钟

❸ 巴塞罗那当代艺术博物馆 `1 小时`

Museum d'Art Modern de Barcelona

混搭之旅

乘坐地铁1号线至Hostafrancs站，再向南步行约10分钟可到

❶ 西班牙村 `2 小时`

Poble Espanyol

>> 乘坐地铁L1线到Catalunya站下车即可到达

❷ 加泰罗尼亚广场 `1 小时`

Plula Cotalutnya

>> 乘坐出租车沿Carrer Gran de Gràcia开往Pl. de Lesseps后走Av. de Vallcarca驶入Carrer de Ballester，开往Carrer de Manacor。全程所需17分钟

❸ 德尔花园 `2 小时`

Del Garden

巴塞罗那周边百搭线路示意图

123

亮点

1. 兰布拉大道：在林荫大道上漫步
2. 圣家族大教堂：颠覆你对传统教堂的认知
3. 古埃尔公园：超现实的世外桃源
4. 西班牙村：参加丰富多彩的家庭活动
5. 巧克力博物馆：观看巧克力做的雕像
6. 魔幻喷泉：观看喷泉表演

兰布拉大道

　　兰布拉大道（La Rambla）是巴塞罗那市中心的一条繁盛的步行林荫道，曾被誉为"世界上最美的大道"。兰布拉大道位于哥特区的西部，从加泰罗尼亚广场一直延伸到奥林匹克港口区，共有1800米长，主要分成5段，尤以花卉街和鸟市所在的街段最为闻名。你可以和

适合孩子年龄：6～12岁
游玩游家重点：欣赏街头艺人的精彩表演，或者去波盖利亚市场美餐一顿

孩子漫步在这条大街上，看街边的特色小摊，欣赏街头艺人的精彩表演，或者去波盖利亚市场美餐一顿。如果在日落十分，在奥林匹克港还能欣赏到绝美的日落。

亲子旅行资讯

✉ La Rambla, 08002 Barcelona

🚗 乘坐地铁3号线在Drassanes、Liceu站下，乘坐14、59、91路公交车至La Rambla–Font de Canaletes站下

潮爸辣妈提示

　　1. 兰布拉大道有时很拥挤，特别是在旅游旺季。在大多数情况下，兰布拉的游客比当地人更多，因此游览时需注意保管好钱包和贵重物品，防范扒窃。

　　2. 未经允许或未给小费请不要随意拍摄街头艺人。

巴特罗之家

巴特罗之家（Casa Batllo）位于巴塞罗那市中心著名的"不和谐街区"，是一栋外形标新立异的公寓楼。带上孩子来参观西班牙鬼才建筑师高迪的杰作吧，你会看到整栋楼的外墙面贴着彩色的马赛克、像人骨一样的柱子以及面具造型的阳台。公寓屋顶的露台设计灵感源于勇士杀龙的故事，屋脊设计成龙脊，右侧的烟囱宛如勇士手里的宝剑直插龙身，旁边还有白色的三维十字架。你可以在龙脊旁边和孩子合影留念，也可以站在露台上从一种独一无二的角度眺望巴塞罗那城市景色。

亲子旅行资讯

- ✉ Passeig de Gràcia, 43, 08007 Barcelona
- 🚗 乘坐地铁L3（绿线）至Passeig de Gràcia站下；乘坐公交车N4、N5、N6、N7至Pg. de Gràcia – Aragó 站下即到
- 🌐 www.casabatllo.es/en
- 💶 18岁以上成人21.5欧元　7～18岁青年、65岁以上老人18.5欧元。以上费用均包含语音导览器费用。7岁以下儿童免费
- 📅 9:00～21:00，最后入场时间为20:00。若碰到重要接待会在14:00临时关闭
- ☎ 093-2160306

潮爸辣妈提示

1. 尽量在开门之前来排队，否则游客会很多，排队时间会很长。
2. 内部游览时不要大声喧哗，也不要去破坏内部任何展设。
3. 公寓一层有礼品部，你可以买到马克杯、公寓模型、彩色玻璃制成的蓝色心形项链等，应有尽有，当然价格也不便宜，从10欧元到100欧元的都有。
4. 这里每周三至周六的晚上9点以后还有现场音乐秀和自助晚餐供应，售价29欧元。你可以一边品尝美食，一边品味建筑，一边欣赏拉西亚大道的美丽街景。更多详细信息可以参考www.casabatllo.es/en。

圣家族大教堂 ◇◇◇◇◇◇◇◇◇◇◇◇◇◇◇◇◇◇◇◇◇◇◇◇◇◇

适合孩子年龄：9～12岁
游玩重点：俯瞰美轮美奂的巴塞罗那城

圣家族大教堂（Sagrada Familia）位于巴塞罗那市区中心，是巴塞罗那甚至西班牙最负盛名的观光胜地和地标。圣家族大教堂共设有3座宏伟的立面：诞生、受难和荣耀，每一面都有4座支撑塔楼。教堂远远望去像百孔千疮的"巨大蚁穴"，走近了你会看到塔楼上精美的雕像，教堂内部更是别有洞天。这是一个以"自然"为主题元素的大教堂，步入其中仿佛进入了一片茂盛的热带雨林，这座设计独特的教堂一定会颠覆你对传统教堂的认知。你可以和孩子登上塔楼，俯瞰美轮美奂的巴塞罗那城。

亲子旅行资讯

✉ Carrer de Mallorca, 401, 08013 Barcelona

🚋 乘坐地铁2、5号线在Sagrada Familia站下即到，乘坐19、33、34、43路公交车在Temple Expiatori de La Sagrada Famí lia站下即到

🌐 www.sagradafamilia.cat/sf-eng/index.php

💲 参观教堂门票全票为14.8欧元，登塔须另支付4.5欧元；含导览的门票或含登塔的门票需19.3欧元，学生及18岁以下有2欧元折扣

📅 10月至次年3月9:00～18:00，4～9月9:00～20:00，12月25～26日、1月1日、1月6日9:00～14:00教堂部分关闭

☎ 093-5132060

潮爸辣妈提示

1. 在7、8月的旅游旺季时，前去参观的游人非常多，建议提前在网上预订门票，不然就要做好在教堂外排1个小时以上长队的心理准备。在网上预订门票的从位于教堂东侧的"诞生"立面入口进入，现场排队买票则须从教堂的西侧入口（受难立面）进入。

2. 如果想记录下"诞生"立面沐浴在朝阳下的美好场景，请在9:00～11:00左右来此摄影吧，正午过后"诞生"立面就难以照到阳光了。

3. 如果想进一步了解圣家族大教堂，可以点击圣家族大教堂虚拟参观页面www.sagradafamilia.cat，360°视图让你更清晰地感受大教堂的魅力。

米拉之家 ◇◇◇◇◇◇◇◇◇◇◇◇◇◇◇◇◇◇◇◇◇◇◇◇◇◇◇◇◇◇◇◇◇◇◇

适合孩子年龄: 9～12岁
游玩重点: 看那些戴着头盔的"士兵"烟囱，探索公寓的"隧道"阁楼

米拉之家（Cusa Mila）是高迪设计的最后一个私人住宅，又被戏称为"采石场"，不规则的墙面和平台戴头盔士兵造型的烟囱是它最著名的标志。像汹涌波浪的阳台，精美的铸铁栏杆展现出高迪与众不同的创意，最有特点是高迪在房顶上造了一些奇形怪状的突出物，有的像披上全副盔甲的士兵，有的像神话中的怪兽，有的像教堂的大钟。你可以和孩子看看那些戴着头盔的"士兵"烟囱，探索公寓的"隧道"阁楼，切身感受高迪拱形建筑的精髓。

亲子旅行资讯

✉ Provença, 261-265, 08008 Barcelona

🚌 乘坐地铁3号线至Diagonal站后，向东步行约5分钟可到；乘坐22或24路公交车在Pg de Grà cia-Rosselló站下车，向南步行5分钟左右即可

🌐 www.lapedrera.com

💲 成人16.50欧元，学生14.85欧元，0～6岁儿童免费，7～12岁8.25欧元；夜间参观成人30欧元，7～12岁儿童15欧元，0～6岁儿童免费

🕐 11月4日至次年2月28日9:00～18:30，3月～11月3日9:0～20:00，关闭前半个小时禁止入场，其中12月25、26日、1月1日、1月6日闭馆；夜间参观3月～11月2日20:15～24:00，11月3日至次年2月底周三至周六19:00～22:30，关闭前1个半小时禁止入场

📷 090-2202138

潮爸辣妈提示

1.在网上提前订票可以免去排队的麻烦，入场时凭打印好的电子票或出示姓名和订票号即可入内。售票处可以租赁语音导览器（提供10种语言服务，暂没有中文）。

2.为了孩子的安全起见，请不要让孩子在屋顶上跑、跳、嬉闹、翻越栏杆。

3.若你想领略米拉之家夜晚的魅力，可以参加名为"米拉之家的秘密"的导览，需要提前预订，参观时间根据所选解说语言而定，票价为30欧元。

4.你可以在米拉之家的餐厅用餐，有时还能参加在屋顶上举办的音乐会。

古埃尔公园

　　和孩子来到巴塞罗那去哪里？童话般的古埃尔公园是个不错的选择！古埃尔公园（Park Guell）坐落在巴塞罗那佩拉达山上，在丽日晴空之下，蓝白相间的蘑菇塔，状若糖果的石头屋，还有曲线透迤的彩瓷椅，让人恍若进入一个超现实的世外桃源。一走进古埃尔公园的正门，就能看见常出现在旅游杂志上的蜥蜴雕塑。除此之外，园内还有众多造型离奇、光怪陆离的建筑及精美马赛克雕像。不妨和孩子走一回造型奇特、别具一格的长廊，找寻长廊支柱上不同形态的动植物造型。

适合孩子年龄：6～12岁
游玩重点：找寻长廊支柱上不同形态的动植物造型、观看蜥蜴雕塑

亲子旅行资讯

- Carrer d'Olot, s/n, 08024 Barcelona
- 乘坐116路公交车至Larrard-Olot站下车即可，乘坐24路公交车至Parc Güell站下车即到
- www.parkguell.cat
- 成人票8欧元，7～12岁儿童及65岁以上老人5.6欧元，7岁以下儿童免费
- 秋冬季（10月27日至次年3月23日）8:30～18:00，春夏季（3月24日～4月30日）8:00～20:00，（5月1日～10月26日）8:00～21:00
- 090-2200302

潮爸辣妈提示

　　公园有限流措施，最多每半小时400人参观，推荐提前在网上购买好门票，现场购票者会容易碰到限流情况，而会因此排较长时间的队。

巴塞罗那大教堂

　　巴塞罗那大教堂（Barcelona Cathedral）又称作"神圣家族教堂"，简称为"圣家堂"，位于巴塞罗那市区中心，是西班牙巴塞罗那的一个巨型哥特式的教堂。教堂穹顶边的电梯可以上到教堂顶端，能饱览巴塞罗那老城风光。圣诞期间，这里会有圣诞集市，在集市上你可以看到Caganer，泥塑的小人加上彩绘是加泰罗尼亚地区的传统手工艺品一，在它背后还能发现"惊喜"哦！在集市上你和孩子还可以尝到本地美食。

适合孩子年龄：9～12岁
游玩重点：饱览巴塞罗那老城风光

亲子旅行资讯

- Pla de la Seu, s/n, 08002 Barcelona
- 乘坐17、45、N8、V17公交车到Via Laietana - Pl. Ramon Berenguer站下
- www.catedralbcn.org
- 教堂免费，访问合唱团2.8欧元，参观天台3欧元；在收费时段参观或者主动捐赠6欧元，可以参观博物馆和天台，访问合唱团。周日和节假日免费
- 周一至周六13:00～17:00，周日和节假日14:00～17:00
- 093-3151554

加泰罗尼亚广场

适合孩子年龄: 7~12岁
游玩重点: 观赏鸽子、欣赏流浪艺人的表演

加泰罗尼亚广场（Placa Catalunya）是巴塞罗那市中心旧城区的一个大型广场，以喷泉和雕塑著称，并聚集许多鸽子。漂亮宽阔的广场上布满绿茵茵的草坪，还有漂亮的静止女神石像，飞珠跳玉的喷泉水花多样，宛若水晶宫。

最好在周末和节假日带孩子来这里，那时这里人头攒动，异常热闹。你能看到各种小贩，有卖彩色气球的，有卖冰激凌的，还能看到成群的鸽子在广场和草坪上闲庭信步，还能欣赏到流浪艺人的表演。

亲子旅行资讯

- ✉ Plaça de Catalunya, C8002 Barcelona
- 🚇 乘坐地铁1号线到Catalunya站下车
- 🌐 www.w110.bcn.cat
- 💲 免费

巴塞罗那塔海滩

巴塞罗那塔海滩（Barceloneta Beach）是巴塞罗那非常受欢迎的海滩，由于沙滩背依着的就是巴塞罗那的中心区域，因而这里总是人满为患。你可以和孩子在海滩边漫步，欣赏海滩上有趣的雕塑，或者坐在阶梯上看街头艺人的

适合孩子年龄: 6~12岁
游玩重点: 在海滩边漫步、坐在阶梯上看街头艺人的表演

表演，聆听流浪艺人的歌声，也可以进行沙滩排球、游泳等运动。玩累了买些不同口味冰激凌，饿了品尝西式海鲜风味大餐，一定非常惬意。

亲子旅行资讯

- ✉ Passeig de Colom, 3, 08002 Barcelona
- 🚇 从巴塞罗那Sants Station火车站乘坐RENFE的近郊火车Cercanías 2号线火车，在Sitges站下车
- 💲 免费

129

西班牙村

西班牙村（Poble Espanyol）完整还原了许多西班牙的历史古迹，集中展现了西班牙的一些代表性建筑物，可以说是一座展示西班牙风土人情的小型主题乐园。西班牙人村经常举办丰富多彩的家庭活动，每周末这里都有表演，每月更换一次演出内容；孩子们也可以变身"小工匠"，学习制作具有西班牙特色的手工艺品；另外定期还有故事会、街头巡游、木偶戏表演等适合各个年龄层孩子的活动。每年7~8月的盛夏，西班牙村更有弗拉门戈舞蹈表演以及音乐会等活动，是一年中最吸引人的时候。

适合孩子年龄： 6~12岁
游玩重点： 学习制作具有西班牙特色的手工艺品、观看木偶戏表演

亲子旅行资讯

- ✉ Avinguda del Marques de Comillas, 13, 08038 Barcelona
- 🚗 乘坐地铁1号线至Hostafrancs站，再向南步行约10分钟可到
- 🌐 www.poble-espanyol.com
- 💰 成人9.5欧元，学生6.6欧元，12岁以下儿童5.6欧元
- 🕐 平日9:00~14:00，周一9:00~20:00，周五、周六9:00~16:00，公众假期9:00~24:00
- ☎ 093-5086300

蒙锥克城堡

适合孩子年龄： 9~12岁
游玩重点： 参观武器、旌旗、军服、生活用品等文物

蒙锥克城堡（Castell de Montjuic）位于蒙锥克公园南部的丘陵高地上，是一座军事要塞。城堡内现在是军事博物馆，你可以和孩子参观到大量15~20世纪时西班牙地区出土的文物，包括武器、旌旗、军服、生活用品等。除了通过城堡了解西班牙的历史，也不妨在这里极目远眺一番。站在蒙锥克城堡上，巴塞罗那街景和海湾都尽收眼底。

亲子旅行资讯

- ✉ Montjuc Castle, Carretera de Montjuc, 66, 08038
- 🚗 乘坐地铁3号线至Paral·lel站后，笔直向南步行约10分钟可到
- 🌐 www.bcn.cat
- 💰 免费
- 🕐 3月下旬至10月9:30~20:00，11月至次年3月中旬9:30~17:00，周一闭馆
- ☎ 093-2564445

迪比达波山

适合孩子年龄：6～12岁
游玩重点：在山上的游乐场坐过山车、俯瞰巴塞罗那全景

迪比达波山(Tibidabo)是巴塞罗那西北部的一座山，位于蒙锥克山对面。你和孩子可以乘坐小型有轨电车到达山顶，山顶有座圣心教堂，高耸入云，显得极为神圣，据说这是距离天空最近的教堂之一。你可以从教堂顶部圣心雕像脚下的瞭望台俯瞰巴塞罗那的全貌。对孩子来说最兴奋的则是山上有一座大型游乐场，又被称为"感觉之园"，和孩子感受一下山顶过山车吧，感觉整个巴塞罗那都在脚底下，超刺激。

亲子旅行资讯

✉ Placa del Tibidabo l Sarrià , Sant Gervasi & Tibidabo, 08035 Barcelona

🚗 在加泰罗尼亚广场先乘坐地铁7号线或近郊铁路到Av.Tibidabo站，再换乘提维达波缆车可直达圣心教堂脚下的提维达波广场

💲 游乐场票22欧元

城堡公园

城堡公园（Parque de CastiLo）位于海岸区和"小巴塞罗那"的交界地带，因公园内的古城堡而得名。城堡公园虽不是巴塞罗那的著名景点，但公园内矗立的城堡是当年遗留下来的古建筑，细细观赏能感受到历史的沧桑。园内绿化面积大，有喷泉、人工湖、雕塑、动物园等，适合休闲游览。在公园一角的动物园中有几座著名的雕塑作品，如索雷的《撑伞的贵妇人》和伊莫纳的《伤心》，不妨和孩子一同找找看。

适合孩子年龄：8～12岁
游玩重点：观看喷泉、雕塑等

亲子旅行资讯

✉ Passeig de Picasso, 21, 08003 Barcelona

🚗 乘坐地铁4号线到Ciutadella / Vila Olímpica站下，乘坐T4路有轨电车到CiutadellalVila Olímpica站或Wellington站下

🌐 www.bcn.cat

💲 免费

☎ 093-8237115

巴塞罗那动物园

巴塞罗那动物园（Barcelona Zoo）位于城堡公园内，是当今世界上最古老同时也是最现代的动物园之一。动物园采用开放式设计，允许人们直接碰触动物。在园内你可以看到来自非洲和南美洲的诸多动物，还有多种生活在热带雨林中的猴子，其中有一种猴子体积特别小，大概只有人手掌的2/3大小，极其可爱。在夜行馆中也能看到很多难得一见的动物，包括夜猴等。更为难得的是巴塞罗那动物园里还有澳大利亚特有的本土动物，其中一种尾巴长长的、长得像老鼠的动物，大概是世界上最小的有袋类动物。

亲子旅行资讯

✉ Parc de la Ciutadella, 08003 Barcelona
🚌 乘坐14、17、36、39、40、41、45、51、57、59、100、141、157路公交车可到
🌐 www.zoobarcelona.cat
💲 成人15.4欧元，3～12岁儿童9.3欧元；成人团体（20人或以上）12欧元；小于3岁2.7欧元；残疾人5欧元
📅 1月～3月15日10:00～17:00；3月16日～5月10:00～18:00；6月～9月10:00～19:00；10月～12月10:00～17:00
☎ 063-8237115

巴塞罗那水族馆

巴塞罗那水族馆（L'Aquarium de Barcelona）是欧洲最大的水族馆之一，位于老港区。馆内分为海底世界、企鹅乐园、珊瑚区和海洋区等游乐区域，共展示了超过8000多种地中海海底生物，其

中最受欢迎的是鲨鱼、鳐等。在这里你不仅能看到海豚，还能看到在《海底总动员》里的主角尼莫（Nemo）。在出口处还有一群活泼可爱的小企鹅，灵活敏捷地在水中畅游，非常可爱。你可通过玻璃通道或水池槽近距离地接触各种海洋生物，非常有趣。如果你是和孩子一同去的话，那就更加好玩了。

亲子旅行资讯

✉ Moll d'Espanya del Port Vell, s/n, 08039 Barcelona
🚌 乘坐地铁3号线到Drassanes站下，4号线地铁到Barceloneta站下；乘坐V17路公交车到Port Vell站下车
🌐 www.aquariumbcn.com
💲 成人20欧元，1.1米～1.4米儿童15欧元，0.9米～1.1米儿童5欧元，0.9米以下免费
📅 周一至周五9:30～21:00，周末及节假日9:30～21:30
☎ 093-2217474

巧克力博物馆

　　巧克力博物馆（Museu ce la Xocolata）坐落在巴塞罗那一条不太繁华的街道上。巧克力博物馆里面所有的东西都是用巧克力做的各种卡通人物的雕像，非常多，就连毕加索的《格尔尼卡》都用巧克力做成了雕像。在售票处付完门票钱，对工作人员说你来自中国后，一块包装上印有五星红旗的巧克力会递到你的手上，上面还用中文写着"欢迎"。博物馆还有巧克力制作课程，可以顺便学习一下，十分的有趣。

适合孩子年龄：4～12岁
游玩重点：参观巧克力制作的各种雕像

亲子旅行资讯

- ✉ Carrer Comerc, 36, 08003 Barcelon
- 🌐 www.museuxocolata.cat
- 💲 5欧元，每月第一个周一免费参观；持巴塞罗那卡7折
- 🗓 周一至周六10:00～19:00，周日10:00～15:00，每周二闭馆（公共假日除外）
- ☎ 093-2687878

巴塞罗那蜡像馆

适合孩子年龄：9～12岁
游玩重点：观看各种各样的蜡像

　　巴塞罗那蜡像馆（Museu de Cera de Barcelona）就坐落在兰布拉大道旁，与杜莎夫人蜡像馆略有不同，这里有很多西班牙名人和著名人物的蜡像，好莱坞演员和小说故事中的漫画人物都会在这个蜡像馆内为游客呈现出来。当你游走于博物馆的同时，还有机会同作品进行多种形式的互动。博物馆在晚上为团队游的客人设置了许多戏剧性场景以吸引观众，最好地体现了这种互动过程。蜡像馆中一间有名为"仙女的森林"（El Bosque de las Hadas）的咖啡厅，十分受欢迎。当你走累了可以和孩子去里面喝点饮料，吃个快餐，休息一下。

亲子旅行资讯

- ✉ Passatge de la Banca, 7, 08002 Barcelona
- 🚗 乘坐地铁3号线在Drassanes 站下
- 🌐 www.museocerabcn.com
- 💲 6.65欧元
- 🗓 10月～6月周一至周五10:00～13:30，16:00～19:30；周末和公共假期11:00～14:00，16:30～20:30。7月～9月 每天 10:00～22:00
- ☎ 093-3172649

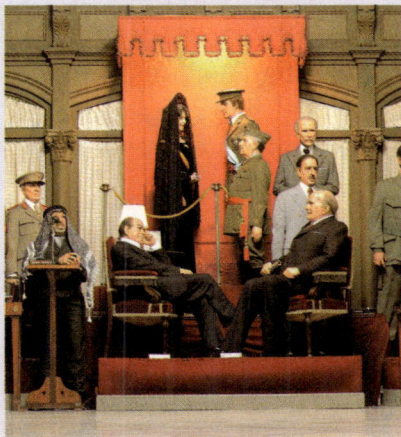

魔幻喷泉

　　魔幻喷泉（Magic Fountain）是巴塞罗那蒙锥克山的一座人造喷泉，于1929年为巴塞罗那世界博览会而建设。其之所以叫作魔幻喷泉，主要是因为在进行音乐表演时，喷泉会不停地变换颜色和形状，配上灯光装饰的国家宫和从阶梯上层层流下的水帘，着实将人们带进了一个魔幻般的氛围之中，令人眼花缭乱、目不暇接。魔幻喷泉表演时，喷泉和音乐节奏也是浑然一体，音乐高时水柱也升得高，最高可以到十几米，其美丽和壮观是不可言喻的，只有亲眼看了才知道什么叫魔幻。

适合孩子年龄：6～12岁
游玩重点：观看喷泉表演

亲子旅行资讯

- ✉ Pl. Carles Buïgas, 1, 28080 Barcelona
- 🚌 乘坐地铁3号线在西班牙广场站（Placa Espanya）下
- 🌐 www.w110.bcn.cat
- 💲 免费
- 🗓 3月31日～10月30日周四至周日21:00、21:30、22:00、22:30、23:30
- ☎ 093-4027000

巴塞罗那科学博物馆

　　巴塞罗那科学博物馆（Cosmo Caixa Barcelona）更像是一座科普乐园，由一栋红砖老房子和一栋玻璃的现代建筑构成。你和孩子在这里不仅能看到古代动物的化石，还能看到室内亚马孙丛林。在动物园里可以和可爱的小动物亲密接触，在水族馆还能看到海豚等动物的表演。这里能让任何年龄段的人找到乐趣，赶快和孩子一起行动吧！

适合孩子年龄：6～12岁
游玩重点：看古代动物的化石、和可爱的小动物亲密接触

亲子旅行资讯

- ✉ Carrer d'Isaac Newton, 26, 08022 Barcelona
- 🚌 乘坐60、196路公交车在Ronda de Palt-Claster站下
- 🌐 www.obrasocial.lacaixa.es
- 💲 免费
- 🗓 周二至周日10:00～20:00，周一及节假日休息
- ☎ 093-2126050

奥尔塔迷宫花园

奥尔塔迷宫花园（Parque del Laberinto de Horta）位于巴塞罗那北郊的山麓，是巴塞罗那历史最悠久、最古典雅静的花园。花园中间有一个精心裁剪的树丛迷宫，走在里面很容易暂时迷失方向。园中还有一个怡人的人造湖、一个新古典主义的亭子和一片别出心裁的假墓地。这里还是知名电影《香水》的取景地之一。如果孩子喜欢玩迷宫游戏，在这里他一定会玩得很开心。

适合孩子年龄：6～12岁
游玩重点：穿越树丛迷宫，游览花园

亲子旅行资讯

✉ Passeig dels Castanyers, 1, 08035 Barcelona
🚗 乘坐地铁3号线在Mundet下车，从右边Muntanya出口出站，出去后沿大路往上坡走，然后在第一个路口右转弯，走200米左右，左边有宽阔石阶，踏石阶而上即可到达
🌐 www.capdesetmana.bcn.cat
💰 每人2.7欧元，周三、周日、和5月24日免费参观
🕙 10:00～17:00
☎ 093-2564430

迪比达波游乐园

适合孩子年龄：6～13岁
游玩重点：观看精彩的表演和街头戏剧

迪比达波游乐园（Parc d'Atraccions Tibidabo）是巴塞罗那拥有100年历史的游乐园，也是巴塞罗那标志之一。游乐园共有25个游乐设施，园区里还会有精彩的表演和街头戏剧。除此之外，这里还有一片500平方米的区域，被称为天空之城，这里是俯瞰巴塞罗那全景、天际线的最佳地点之一。

亲子旅行资讯

✉ Plaza Tibidabo, 3, 08035 Barcelona
🚗 从泰罗尼亚广场（Plaça Catalunya）搭乘T2A旅游巴士前往（每日10:15开始运行，票价2.95欧元/人）
🌐 www.tibidabo.cat
💰 游乐园通票成人28.5欧元，1.2米以下儿童10.5欧元。天空之城成人12.7欧元，1.2米以下儿童7.8欧元
🕙 游乐园开放时间每月每天各不相同，详情请咨询官网
☎ 093-2117942

135

巴塞罗那其他景点推荐			
中文名称	外文名称	地址	网址
西班牙广场	Placa d'Espanya	Av de la Crew Coberta, Barcelona	—
哥伦布纪念碑	Monument da Colon	Plaza Portal de la Pau, s/n, 08002 Barcelona	—
阿马特聚之家	Casa Amatuer	Passeia de Gracia,41, 08007 Barcelona	amtuer,org
加泰罗尼亚音乐宫	Palau de la Musica Catalana	C/ Palau de la Música, 4–6, 08003 Barcelona	www.palaumusica.org
国家宫	Palau Nacional	Mirador del Palau Nacional, Avinguda dels Montanyans, 08038 Barcelona	—
加泰罗尼亚国家艺术博物馆	Museu Nacional d'Art de Catalunya	Mirador del Palau Nacional, 08038 Barcelona	www.mnac.cat
航海博物馆	Museu Maritim de Barcelona	Av. de les Drassanes, s/n, 1, 08001 Barcelona	www.mmb.cat
毕加索博物馆	Picasso Museum	Carrer Montcada, 15–23, 08003 Barcelona	www.museupicasso. bcn.cat/en
高迪博物馆	Gaudi House Museum	Park Güell, Carretera del Carmel, 23A, 08024 Barcelona	www.casamuseugaudi. org
奥林匹克体育场	Estadi Olimpic	Passeig Olimpic, 17, 08038 Barcelona	—
巴塞罗那当代艺术博物馆	Museu d'Art Modern de Barcelona	Placa dels Angels,1, 08001 Barcelona	www.macba.cat/es
巴塞罗那历史博物馆	Museu d'Història de la Ciutat	Pza. del Rei, s/n, 08002, Barcelona	www.museuhistoria. bcn.cat
圣母玛丽亚教堂	Santa Maria del Mar	Carrer dels Sombrerers, 6, 08003 Barcelona	www.santamariadelmar barcelona.org
圣米格尔教堂	Església de Sant Miquel	Església de Sant Miquel 08003 Barcelona	—
考德拉斯之家	Casa Bruno Cuadros	La Rambla, 82, Barcelona	—
迷你加泰罗尼亚	Catalunya en Miniatura	Can Balasch de Baix, s/n, 08629 Torrelles de Llobregat, Barcelona	www.catalunyaenminia tura.com
伊阿迪阿卡之家	Casa de l'Ardiaca	Carrer de Santa Llúcia, 1, 08002 Barcelona	—
巴塞罗那设计博物馆	Museu del Disseny de Barcelona	Plaça de les Glòries Catalanes, 37, 08018 Barcelona	www.museudeldisseny. cat
圣梅尔塞教堂	Mare de Deu de la Merce	Carrer de la Merce, 1, 08002 Barcelona	www.bcn.cat/merce/ca/ index.shtml

跟孩子吃什么

巴塞罗那最富有地方特色的美食是加泰罗尼亚风味的菜肴，其原料有鳕鱼、蜗牛、蘑菇等，原料丰富，口味多变。而巴塞罗那的海鲜饭非常有名，不仅种类多，色彩也很丰富，红、黄、黑、白都有，光是这鲜艳的颜色就会让你和孩子食欲大增吧。你可以带孩子品尝家常的小白豆杂烩、海鲜、什锦海鲜饭、西班牙火腿及各式香肠等。此外，不要忘了尝尝当地的蛋奶酥皮和蜂蜜乳酪。

巴塞罗那的特色美食

巴塞罗那作为西班牙的重要城市之一，当然也保持着西班牙的传统美食——西班牙火腿及各式香肠，并融合当地的食材及烹饪方式，制作出许多具有地方特色的吃食。以巴塞罗那为代表的加泰罗尼亚菜系是地中海饮食中口碑最好的一种，这类菜肴的原料大多采自陆地和海洋，使用时令蔬菜和橄榄油进行烹调，口感清新柔和，在盛夏季节食用时，则有额外的清凉解暑的效果。

巴塞罗那必尝美食	
名称	简介
香肠煮豆子	巴塞罗那独特的地方菜，用当地特有的一种小白豆和香肠一起做成。制作时先将白豆煮烂，再加上各种佐料，配以烤熟的香肠
先锋美食	先锋美食也叫分子美食，通过改变食材的质感来颠覆常规食品的品尝感受
墨鱼饭	用乌贼（或鱿鱼）和稻米制作，有些类似于西班牙海鲜饭
Esqueixada de bacallá	加泰罗尼亚地区的特色沙拉，将鳕鱼与多种蔬菜融合在一起，比如番茄、洋葱、橄榄、青椒等，这道鳕鱼沙拉十分新鲜清爽
Crema Catalana	这道甜品分两层，上层为添加肉桂被微微烤焦的焦糖脆壳，下层为冻状的似双皮奶的甜点，这种甜品口感柔滑香脆
面包配西红柿	最简单的加泰罗尼亚特色美食但也是最常见的。由烤面包片、橄榄油、盐和擦碎的番茄制作而成

●你了解先锋美食吗

先锋美食也叫分子美食，又称为分子料理。所谓分子美食是指把葡萄糖、维生素C、柠檬酸钠、麦芽糖醇等可以食用的化学物质进行组合，改变食材的分子结构，重新组合，创造出与众不同的可以食用的食物。从分子的角度制造出无限多的食物，不再受地理、气候、产量等因素的局限。如：泡沫状的马铃薯，用蔬菜制作的鱼子酱，用液氮把固态新鲜水果制成的分子冰激凌。

孩子最喜欢的餐厅

从缤纷多彩博盖利亚菜市场到装潢精致的地中海餐厅，从变化万千的Tapas到用料考究的海鲜饭，巴塞罗那的美食选择可以让你眼花缭乱。带孩子进入餐馆的时候，不要着急就座，服务员会根据用餐人数安排，可以跟服务员说明你偏好的用餐位置。大多数餐馆中午都有推荐的套餐，包括酒水、前餐、主菜、甜点或咖啡。

● Escribà 甜品店

Escribà 甜品店创立于1906年，是巴塞罗那当地家喻户晓的老字号甜品店。店面装潢既典雅，又有一份童话故事里的甜蜜。如果不赶时间，可以在店里点份牛角包，或是水果派，好好享受一份下午茶，消磨下时光。店里红唇和猫咪舌头形状的巧克力，很适合当作礼物赠送给朋友。

■ 地址：La Rambla, 83 08002 Barcelona ■ 交通：乘地铁3号线至Liceu站下，该店在La Boqueria市场左边 ■ 网址：www.escriba.es ■ 营业时间：13:00～16:00，20:00～23:00 ■ 电话：093-3016027

● La Pepita餐厅

这家餐厅供应地道的地中海风味菜肴，菜单用手随意地写在吧台后面的镜面上。在这里可以品尝到地道的西班牙火腿、熏鸡肉沙拉、炸肉饼等菜肴，鱼子酱特别棒，吃到口里有种舒适的爆破感觉。这间餐厅的菜量还是很足的，在这里一定能吃饱。

■ 地址：C /Corsega 343, 08037 Barcelona ■ 营业时间：周一19:30至次日凌晨1:00；周二至周四9:00～13:00；周五9:00～14:30；周六10:00～14:30；周日休息 ■ 电话：093-2384893

● Wok Barcelona

这是一家中国人开的日式料理店，除了各种新鲜的海鲜之外，这里还能吃到寿司和中式点心、炒菜。如果你已经开始想念家乡的味道，那就快来一饱口福吧。

■ 地址：Carrer Comte d'Urgell, 46–48, 08011 Barcelona ■ 营业时间：午市14:00开始；晚市20:00开始 ■ 电话：093-2927184

● Can Conesa

这是一家历史悠久的餐厅，位于哥特区，几十年来一直提供美味的烤三明治、香肠等，受到当地人的青睐。如果来这家餐厅用餐一定要早点来，不然可能会排长队。

■ 地址：Carrer de la Llibreteria, 1, 08002 Barcelona ■ 网址：www.conesaentrepans.com ■ 电话：093-3101394

●La Paradeta (圣家堂店)

　　这是巴塞罗那当地非常出名的海鲜料理连锁店，走进店里你可以看到各种海鲜摆放在冰柜上。这家点餐也很直接，你只需要从冰柜上选出你想要的海鲜材料，再告诉服务生你所选择的烹饪方法（烤、炒、剪、焗等），不多久你的正餐就新鲜出炉啦！

■ 地址：C/ Riego, 27, 08014 Barcelona ■ 网址：www.laparadeta.com ■ 营业时间：周二至周四20:00 ～ 23:30；周五20:00 ～ 24:00；周六 13:00 ～ 16:00/20:00 ～ 24:00；周日13:00 ～ 16:00 ■ 电话：093-4319059

巴塞罗那其他餐厅推荐

名称	简介	地址	网址
Bubó 甜品店	甜点自然不用多说，无论是颜色搭配，还是口味都十分惹人爱	Carrer de les Caputxes,10,Barcelona	www.bubo.es
La Rita	非常不错的一家餐馆，推荐海鲜面和鸭腿	Carrer d'Aragó, 279, 08009 Barcelona	www.laritarestaurant.com
Vioko	店内的冰激凌和巧克力的品种很多，选用了上好的原料；伊朗的开心果、比利时的巧克力、法国的鲜花，意大利的榛子	Carrer de Muntaner,66 Barcelona	www.mondo-organics.com.au
Caravelle	值得尝试的是各类三明治、墨西哥玉米夹饼，放有大量的水果蔬菜	Carrer del Pintor Fortuny, 31, 08001 Barcelona	www.facebook.com
Teresa Carles	这是一家素食主义餐馆，主打地中海料理和素食	Carrer de Jovellanoa, 2,0800 1 Barlewna	www.teresacarles.com
Morryssom	主要经营加泰罗尼亚传统Tapas，每周的菜单更新及时，选择多样	Calle Girona, 162, 08037 Barcelona	www.morryssom.com
正大美食	炒菜、海鲜、火锅味道都不错；而且他们有自己的农场	Carrer de Mallorca, 236, 08008 Barcelona	—

和孩子住哪里

　　巴塞罗那拥有各种档次、能满足各种需求的酒店、旅馆。如果你有充足的预算，那么市中心有大把的高档酒店供你选择。如果不在乎高档的享受，那么家庭式的私人小旅店也会是很好的选择。想要中高档就去扩建区，此外，这里还有很多华人开的小旅馆，对语言不通的游客来说是非常方便的。大多数的住宿地都集中在哥特区、兰布拉大道附近和格拉西亚大道周边，这些地方景点集中，交通也方便，对于带孩子的游客来说是不错的选择。

● 巴塞罗那机场酒店

　　巴塞罗那机场酒店（Barcelona Airport Hotel）所有房间设有免费无线网络。酒店有24小时前台，无障碍设施，提供快速入住、退房登记、行李存放等服务。在享受客房内的舒适之余，住客还可尽情使用酒店内的休闲设施，其中包括健身中心、室外游泳池、花园等。 3～12岁儿童在不加床的情况下可免费入住。

■ 地址：Plaça la Volateria, 3, 08820 El Prat de LLobregat, Barcelona
■ 网址：www.barcelonairporthotel.com　■ 电话：093-3783200

● 白银公寓式酒店

　　白银公寓式酒店（Aparthotel Silver）位于巴塞罗那受人欢迎的格拉西亚区，提供24小时前台、酒吧和一个花园露台。客房配有免费无线网络和小厨房，小厨房内设有电烤箱、水壶和冰箱。所有客房均提供卫星电视、笔记本电脑保险箱以及带设施的私人浴室。前台工作人员还可以安排汽车或自行车出租，并提供有关该城市的信息。

■ 地址：Carrer Breton de los Herreros, 26, 08012 Barcelona　■ 网址：www.hotelsilver.com　■ 电话：093-2189100

● 巴塞罗那广场加泰罗尼亚酒店

加泰罗尼亚酒店（Catalonia Barcelona Plaza）位于巴塞罗那的西班牙广场（Plaza España）的Arenas购物中心对面，拥有一座季节性屋顶游泳池和城市全景露台，提供1间小型健身室和免费无线网络连接。Gourmet Corner餐厅全天供应美食，包括沙拉、汉堡和面食。

■ 地址：Plaza España, 6-8, 08014 Barcelona　■ 网址：www.cataloniabcnplaza.com　■ 电话：093-4262600

● 加泰罗尼亚罗马酒店

加泰罗尼亚罗马酒店（Catalonia Roma）提供免费无线网络连接，你从酒店乘坐地铁或巴士10分钟内即可抵达巴塞罗那市中心。现代化的空调客房铺有木地板，并设有卫星电视。客房提供一个保险箱、迷你吧以及一间带吹风机的私人浴室，酒店的餐厅供应自助早餐。你可以租借一辆车并享用酒店的货币兑换服务。

■ 地址：Avinguda de Roma, 31, 08029 Barcelona　■ 网址：www.hoteles-catalonia.com　■ 电话：093-4106633

● 叮咚普特克丝特旅馆

叮咚普特克丝特旅馆（DingDong Putxet）位于一个安静的住宅区内，提供带免费无线网络连接的实惠客房，客人可以很方便地从此前往巴塞罗那市中心。客房简约而舒适，设有1间带吹风机的连接浴室、中央空调和平面卫星电视。

■ 地址：Calle Ballester, 13, 08023 Barcelona　■ 网址：www.dingdongputxet.com　■ 电话：093-2120300

巴塞罗那其他住宿地推荐					
中文名称	外文名称	地址	网址	电话	费用
卡里特酒店	Hotel Serhs Carlit	Carrer de la Diputació, 383, 08013 Barcelona	www.hotelserhscarlit.com	093-5052600	约74欧元起
巴尔默斯酒店	Balmes Residencel	Balmes 87, 08008 Barcelona	—	093-4456500	约75欧元起
格兰隆达酒店	Gran Ronda Hotel	Ronda de Sant Antoni, 49, 08011 Barcelona	www.hotelgranronda.es	093-3271800	约95欧元起
桑兹市内公寓	Inside Barcelona Apartments Sants	Carrer de l'Esparterí a, 1, Local 1, 08003 Barcelona	www.insidebarcelona.com	093-2682868	约86欧元起
巴塞罗那中心NH酒店	NH Barcelona Centro	Carrer del Duc, 15, 08002 Barcelona	www.nh-hoteles.es	093-2703410	约130欧元起
欧尼士拉姆布拉酒店	Onix ambla Hotel	Rambla Catalunya, 24, 08007 Barcelona	www.onixramblahotel.com	093-3427980	约165欧元起

给孩子买什么

巴塞罗那是西班牙的第二大城市，西班牙各地的特产和纪念品都能在这里买到，如南部的陶器、中部的金银器等。你可以买一些土特产带回家，如橄榄油等，此外，喜欢古董的朋友可以去哥特区，里面大大小小的古董店都是古董家们喜欢去的地方。对于带孩子的游客，你可以在纪念品商店购买高迪建筑的模型，如果孩子是巴萨的忠实粉丝，当然不能错过球队的周边产品！

孩子们的购物乐园

孩子总是喜爱玩耍的，神秘的洞穴更是对他们有着无穷的吸引力，而色彩于儿童，更是丰富世界的一个缩影。"IMAGINARIUM"的旗舰店位于Passeig de Gracia大街"Casa Mi La"对面，旗舰店入口被设计为两个相连的洞穴，造型圆润，"洞穴"边缘还装饰了彩虹一般的渐变色彩。与其他商店尽力展现店内风景的设计不同，这两个相连的洞穴使得顾客一眼望去并不能将店内景象尽收眼底，从而吸引着孩子前去"探险"。

不可错过的购物地

巴塞罗那汇集了全球最顶尖的国际品牌，同时也不缺少拥有最新潮流趋势名品的店铺。像位于加泰罗尼亚广场的El Corte Inglés，或是拥有各种潮流品牌位于港口的Maremagnum。如果想购买纪念品，兰布拉大道有很多选择，位于哥特区的店铺也不错。即使是游人最为集中的区域，也能挑选出精品。例如位于圣家堂和古埃尔公园附近的商店出售的高迪风格的陶瓷或水晶制品。

● 拉玛金尼斯塔商业中心

拉玛金尼斯塔商业中心（La Maquinista）是巴塞罗那乃至加泰罗尼亚最大的商业中心，提供各种时尚精品店、休闲场所、酒吧和美食餐馆。它的总建筑面积超过25万平方米，其中有9万平方米用于商店、餐馆和休闲。来到这里，可以满足你的多种购物需求。各种大牌奢侈品一应俱全，绝对能买到自己想要的。

■地址：Carrer de Potosí，2, 08030 Barcelona　■网址：www.lamaquinista.com　■电话：093-3608971

● 波盖利亚市场

闻名世界的波盖利亚市场就坐落在兰布拉大道边。新鲜的食材、多彩的果汁、丰富的香料，还有各式小餐馆构成了这个热闹非凡的欢乐地，不论视觉还是味觉上都是无比的享受。

■ 地址：Rambla 85-89, Plaça de Sant Josep, Barcelona　■ 交通：乘坐地铁1号线在Plaça Catalunya站下车　■ 营业时间：10:00～21:00（街面店铺营业时间），周日休息
■ 电话：093-3182584

● 天使门大街

天使门大街（Portal de L'Angel）在加泰罗尼亚广场的西侧，在这里能买到很多不错的衣服。此外，这里的大多数店铺都位于欧洲中世纪风格的古建筑里，你可以在购物的同时也能游览一下巴塞罗那的精美建筑。

■ 地址：Avinguda Portal de l'Àngel　■ 交通：乘地铁3号线在Plaza Cataluya站下

● 罗卡购物村

罗卡购物村（La Roca）位于巴塞罗那的北部，距巴塞罗那市中心只有40分钟的车程。购物村聚集了100多家充满诱惑力的一线品牌折扣店，从Burberry、Loewe、Versace到Swarovski、Hackett和Zegna都应有尽有。购物村出售的大部分过季服饰折扣低至4折，国外游客购买商品还可以退税。

■ 地址：08430 Santa Agnès de Malanyanes　■ 交通：在Granollers中央车站乘坐大巴前往罗卡购物村　■ 网址：www.larocavillage.com　■ 营业时间：周一至周六10:00～21:00（周日及其他公众假日不营业）　■ 电话：093-8423939

● Maremagnum

　　这里集中了西班牙品牌如Zara、Blanco等，购物中心的餐馆和电影院等配套设施也很齐全。更令人惊讶的是，Maremagnum内还种植了仙人掌等植物，营造出独特的购物环境。

> ■ 地址：Edificio Maremagnum, Moll d'Espanya, 5, 08039 Barcelona　■ 交通：乘坐地铁3号线在Drassanes站下，地铁4号线在Barceloneta站下　■ 网址：www.maremagnum.es　■ 电话：093-2258100

巴塞罗那其他购物地推荐

名称	简介	地址	电话
Maquinista	有很多牌子可以选择，里面餐馆和电影院一应俱全，是一站式购物的好去处	Carrer de la Maquinista, 7, 08003 Barcelona	093-3192481
Sombreria Obach帽店	这个古朴的小店里有适合各种季节、各种场合的帽子，有巴拿马帽、草帽、经典的宽檐帽、呢子帽。喜欢收藏帽子的人不容错过	Carrer del Call, 2, 08002 Barcelona	093-3184094
Papabubble 糖果店	在这间店铺里你所看到的寿司、橙子、玫瑰花、耳坠等东西都是糖果作的，还能亲自目睹各类甜品的制作过程	Carrer Ample 28, Barcelona	093-2688625
Casa Beethoven	这里有关于贝多芬的音乐作品，在周六的时候，这里还有一些小型音乐会	La Rambla de Sant Josep 97,Barcelona	093-3014826
Adolfo Domínguez 服装店	主打高级童装、礼服、香水、首包饰、鞋子、皮包，这里西班牙款式的男女派对礼服非常不错	Passeig de Gràcia, 32, 08007 Barcelona	093-4874170

在巴塞罗那的出行

　　巴塞罗那公共交通非常方便，市内的公共交通工具包括地铁、观光巴士、公交车。由于大部分景点都在市内，游玩起来非常方便。对于带孩子的游客来说，可以乘坐四通八达的地铁，公交车很少有拥挤的现象，也可以作为出行的选择。

巴塞罗那的城市卡

　　购买巴塞罗那城市卡（Barcelona Card）可以免费搭乘巴塞罗那市内所有公共交通工具，不仅包含巴塞罗那港口游船观光、加泰罗尼亚国家艺术博物馆等17家景点门票，还包括其他各种合作博物馆、饭店、商店、娱乐设施等折扣，并且附赠指南一本，包括巴塞罗那地图、地铁地图、旅游信息、合作店家信息等。

　　巴塞罗那城市卡2天成人票34欧元，儿童票（4～12岁）13.4欧元；3天成人票44欧元，儿童票19.2欧元；4天成人票52欧元，4天儿童票24欧元；5天成人票58欧元，儿童票29欧元。游客可以登陆网址www.bcnshop.barcelonaturisme.com购票，在巴塞罗那国际机场1、2号航站楼、巴塞罗那游客中心等地取卡。

Hola BCN!卡

该卡适用于巴塞罗那市内所有公共交通，有效期内可不限次数使用。在所有地铁站的自动售票机皆可买到。票价：2天14欧元；3天20欧元；4天25.5欧元；5天30.5欧元。

T10交通卡

这是一种10次票交通卡，10次票的使用范围并不仅限于地铁，搭乘公交车、轻轨以及市内范围的火车都可以使用10次票。如果是两人同行，也可以使用同一张10次票，在第一名乘客打卡后，再将10次票递给第二名乘客打卡即可。

10次票的售价按照城市区域划分，具体票价为：一区9.8欧元，二区19.4欧元，三区26.4欧元，四区33.95欧元，五区39欧元，六区41.5欧元。值得注意的是，该卡不能在机场巴士上使用。

T-2旅游卡

T-2旅游卡（T-2 Travelcard）等同于纯粹的城市交通卡，持卡者在旅游卡所属的有效天数内可免费搭乘市内的地铁、公交车、轻轨以及火车，且不限活动区域，但不包含景点观光、娱乐方面的其他优惠。

T-2旅游卡按有效期分为4种类型，分别为：2日卡，13.4欧元；3日卡，19.2欧元；4日卡，24.4欧元；5日卡，29欧元。该卡在巴塞罗那有多个销售网点，游客可前往旅游信息中心购买或拨打900700077查询附近的销售网点。

● 城市卡换乘优惠规则

如使用上述卡乘坐巴塞罗那公共交通，自首次乘坐（进站时机器会在卡上打上乘坐信息），75分钟之内可以免费换乘4次（换乘指前后两次交通工具不同，比如FGC换地铁、地铁换公交车等），换乘不同的交通工具需要刷票出站然后又刷票进站。

公交车

巴塞罗那全城拥有超过1000辆的公交车（Autobus diurno）运营，超过80条的公交线路了覆盖城市的大部分地区。公交车的车票可与地铁、轻轨的车票通用，采用相同的票价系统。公交车运营时间一般为4:30～23:00。

地铁售票处和旅游咨询中心都有公交车线路图，其中标注了主要景点位置。此外，还有一个现代化的公交系统，可通过手机或其他设备与互联网连接查询线路，查询线路可登录www.tmb.cat/es/linias-de-bus（也可下载线路图，图很密，没有按起止点搜索方便）。

地铁

巴塞罗那目前有8条地铁线路，以数字命名，按照不同颜色区分开来，覆盖了城市的大部分地区。地铁运营时间是周一至周四5:00～24:00，周日及部分节假日5:00～24:00，周五5:00至次日2:00，周六、12月31日、6月23日、8月14日和9月23日24小时运营；12月24日5:00～23:00。地铁单程票价2欧元。

在持地铁票进站时，需要注意是将票插入左侧插槽中，然后从右侧十字转门通过。但也有一些地铁站（如Catalunya站、Barcelona Sants站）的闸机口设置的是玻璃推拉门，而非十字转门，此时则需要将车票插入右侧插槽，然后从左侧通过。

PART3 带孩子游巴塞罗那

潮爸辣妈提示

在所有地铁站的主要入口处，游客都可以在墙上发现一张地铁图，可查询具体站点和线路，也可以向售票处的服务人员索要免费的迷你地铁图（Mapa），以便随身携带查阅。

观光巴士

巴塞罗那的观光巴士（Bus Turistic）共有3条线路，3条线路包括了巴塞罗那大部分的市内景点，而且线路之间有6个交汇点，非常方便换车。车上有导游沿路介绍，提供中文讲解，还可以获得一本打折集。其运营时间为夏季9:00～20:00；冬季9:00～19:00，最密集的时候每5分钟就有一班。1日票为21.6欧元，2日票27.6欧元，在线购买可打9折。线路及购买可访问网站www.barcelonabusturistic.cat。

出租车

巴塞罗那出租车很好辨认，由黄色和黑色两种颜色组成。当看到空车，抬手打车的规矩在巴塞罗那也一样。当然也可以选择在出租车停靠点打车，出租点有蓝底和大T的牌子，地上也有黄色标志。出租车价格白天夜晚不同，夜间相对较贵。白天起步价1.8欧元，每千米0.82欧元，夜间起步价1.9欧元，每千米1.04欧元，行李另加价。

潮爸辣妈提示

巴塞罗那通用加泰罗尼亚语，懂英语的司机很少，甚至讲西班牙语也不容易沟通，所以你最好将目的地用加泰罗尼亚语写在小纸条上备用。按照当地习惯，一般会将车费的零头当作司机的小费。

自行车

在地中海之滨的巴塞罗那，有很完善的自行车道。阳光明媚的日子，租辆自行车来段海滨骑行，没有什么比这更舒适自在的了，只是需要注意骑车需戴头盔等小问题。租自行车可按小时或一天计算，价格不低，一天在15欧元左右。你可以到巴塞罗那比较著名的Barcelona Rent a Bike车行去租自行车，其还组织城市游，详情可以登录网站www.bornbikebarcelona.com查询。

巴塞罗那自行车租售点信息	
车行	Barcelona Rent a Bike
地址	Carrer de Tallers，45，08001 Barcelona
电话	093-3171970
营业时间	9:30～20:00
备注	车辆分为普通和折叠自行车两种，价格稍有区别

吊篮缆车

巴塞罗那的吊篮缆车（Teleferic）有2条线路，一条连接蒙锥克山公园和蒙锥克城堡，另一条从亚马达广场到巴塞罗那港的2座瞭望塔。每车可坐4人，是空中俯瞰巴塞罗那的最佳方式。单程3.4欧元，往返4.8欧元。运营时间11:00～19:15。

专题：巴塞罗那特色游

来到巴塞罗那如果你只是乘坐公交车、地铁出游，那就太Out了，赛格威斯体感车你乘坐过吗？请一位巴塞罗那私人导游陪你们出游你体验过吗？下面就来为你介绍一下巴塞罗那的特色游览方式。

● 赛格威斯体感车游巴塞罗那

赛格威斯体感车（Segway）是一种靠人体平衡行走的代步车，在巴塞罗那你可以加入赛格威斯体感车一日游，既不会耗费太大体力，又可以让你自由任意在巴塞罗那城市中穿行。一般游览时长为3小时，会带领大家了解巴塞罗那的哥特区的小街道、古老的港口、哥伦布雕像、皇家船厂、兰布拉大道、巴塞罗那海滩和奥林匹克海港、雄伟的罗马戒墙等。

■ 地址：Pom d'Or, 08002 Barcelona ■ 网址：www.barcelonasegwayglides.com
■ 票价：65欧元/人，3小时 ■ 运行时间：3月1日～10月30日每天两次，上午10:30左右开始，14:30点左右开始。11月1日～2月28日每天一次，上午11:00左右开始
■ 电话：067-8777371

● Vespa摩托游巴塞罗那

看过电影《罗马假日》的人应该都对影片中公主骑的那辆小摩托印象深刻。Vesping就是由两位意大利兄弟在巴塞罗那开设的Vespa摩托租赁店，租上一辆带有GPS的橙色Vespa小摩托，当你骑上摩托车，你会有一种不一样的感觉，而且它能带着你发现更多神秘的地方。骑Vespa摩托游巴塞罗那可以让你深入巴塞罗那城市的各个小巷，探寻一些小众的景点，并且留下与众不同的回忆。

■地址：Passatge Simó 24-26 – 08025 Barcelona ■交通：可选择搭乘地铁2、5号线至Sagrada Familia站下车 ■网址：www.vesping.com ■票价：50cc：6小时45欧元；24小时65欧元。125cc：6小时65欧元；24小时85欧元 ■开放时间：3月1日～10月30日每天两次，上午10:30左右开始，下午14:30点左右开始 ■电话：062-6773361

● 让人兴奋的私人导游

如果你想按照自己的关注点，按照自己适合的时间安排行程，你可以请一位巴塞罗那私人导游，这不但是了解这个城市的好方法，也是倒时差最有效的方法。私人导游会开着摩托带你们去参观著名景点，挖掘当地的秘密景点，让你体验真正的地中海生活方式。一辆摩托上一般可以乘坐3人（含司机）。

■地址：Carrer de Arago 371,PRAL 2, 08009 Barcelona ■网址：www.ridebrightside.com ■票价：220欧元/人；全天游览(8小时)：500欧元/摩托车（一或两名乘客）■电话：062-7511463

● 西班牙内战之旅

西班牙内战之旅主要以西班牙内战时在巴塞罗那城中一些相关地点的参观，对历史感兴趣的人可以跟随着去探索一番。基础路线为在哥特区的3小时游览，一般4人起成团。

■地址：Las Ramblas and the Gothic Quarter, Barcelona ■网址：www.iberianature.com/barcelona/history-of-barcelona ■票价：20欧元

如何在巴塞罗那跟团游

来到巴塞罗那的游客可以选择跟团游，如果已经在国内的组团社报了团，就应当知道巴塞罗那当地的地接社是否有接机服务、是否需要游客自己到地接社、怎样能到直接到达等一系列问题。如过没有在国内报团，就需要到了巴塞罗那之后，在当地报团。巴塞罗那有很多华人旅行社，对于带孩子的游客来说非常方便。不过要注意的是，游客一定要对比三家，选择适合自己的旅行社。

在巴塞罗那怎样报团

报团涉及在国内报团和到了目的地报团这两种方式。在本书PART1的出行方式里面，已经介绍了在国内报团的方式和注意事项。这里详细介绍在巴塞罗那如何报旅行团。报团前先了解当地有哪些可靠旅行团供选择。

● 巴塞罗那的组团社

巴塞罗那知名的组团旅行社并没有马德里多，建议孩子父母前往巴塞罗那时多做些行前准备和攻略。下面介绍下巴塞罗那当地比较知名的华人旅行社，这里可以用中文和其工作人员沟通，非常方便。

巴塞罗那天下友旅行社

巴塞罗那天下友旅行社总部位于巴塞罗那，是集票务、旅行设计、旅游产品推广及旅游服务为一体的专业华人旅行社。其提供机票、火车票及各类门票的预订服务和专业导游、向导及陪同翻译服务。

■ 地址：Gran Vía de les Corts Catalanes517，08015 Barcelona　■ 网址：www.utrip.es
■ 电话：093–1428431/635056768

华风旅行社

西班牙华风旅行社（Sincwind Viajes）是一家在西班牙正式注册的华人企业，社址在巴塞罗那。华风旅行社为来南欧一线旅游观光的团体提供中文导游、车辆、酒店服务，组织、安排在西班牙、葡萄牙的公务或商务活动，并且为游客量身定做、精心策划出行线路及各项活动。

■ 地址：Fontanella 13, Entlo 2ª 08010 Barcelona　■ 网址：www.sinowindviajes.com　■ 电话：093–3424796

151

西班牙海天假日旅行社

西班牙海天假日旅行社是西班牙华人旅游行业内的老牌综合旅行社之一。商旅部可为官方、民间访欧团体安排公务考察、商务会展、文化交流，可以根据要求提供优秀中文导游和经验丰富的司机，酒店预订、车船租赁、豪华游轮之行等。公司票务部可以订购飞机、火车、渡轮票，能够很好地满足客户的多种需求。

■ 地址：C/Villarrol 49,Bjs.08011 Barcelona ■ 网址：www.lvyou.tlte.com ■ 电话：093-4120013

巴塞罗那知名的地接社

如果在境内报团，在当地有直接的接待社既节省了时间又非常方便，对于父母来说肯定是很有必要的。下面简单介绍下巴塞罗那当地的地接社，供前往巴塞罗那的游客参考。

● 西班牙乐途旅行社

西班牙乐途旅行社是经西班牙政府认证的旅游公司，自有导游及车队，提供24小时快速接机送机服务，还提供巴塞罗那机场到酒店、机场到公寓、机场到市区的接送服务，票务部可为游客提供世界各地特价机票、火车票、西班牙语翻译、西班牙房产投资移民等综合旅游服务。

■ 地址：Massanet 41 Santa Coloma G.R.M Barcelona ■ 网址：www.letutravel.es ■ 电话：093-1797738

● 西班牙神州旅行社

西班牙神州旅行社为来自中国及亚洲其他国家和地区的游客提供地面服务。旅行社全年承办全包价团队旅游、各类博览会及展览会的组织及地面服务。旅行社还提供订房，订机票、车票，订汽车及接送等单项服务。

■ 巴塞罗那分社地址：Gran Ví a de les Cortes Catalanes,576 08011 Barcelona España ■ 邮箱：bcn@promochina.net ■ 电话号码：093-4515416

巴塞罗那
周边自驾游

在巴塞罗那玩一圈下来，很多有余力的父母都想自驾带着孩子到周边转转，在沿途领略别样的风景。可以先从巴塞罗那前往圣科洛马，顺带游览一下沿途的自然美景。再到Collserola自然公园，呼吸一下清新的空气，在这一路上还可以享受到公园迷人的草地。然后到加列戈斯，体验小镇的美。这里提供一个自驾游的地图供参考，油价成本以大众高尔夫1.4L自动挡或同等车型全新车辆为例，耗油费5升/100千米。

加列戈斯
Gallecs

两地约15.8千米，
耗油约1.05欧元，
用时约19分钟

AP-7

La Conreria-Sant
Mateu-Cellecs

萨丹约拉
Cerdanyola

C-17

Serralada de Marina

C-58

B-20

圣科洛马
Santa Coloma

3

两地约11.9千米，
耗油约0.79欧元，
用时约16分钟

2

C-31

巴达洛纳
Badalona

Collserola自然公园
Serra de Collserola Natural Park

两地约10.8千米，
耗油约0.7欧元，
用时约13分钟

B-10

巴塞罗那市中心
Barcelona city center

1

巴塞罗那周边自驾路线示意图

巴塞罗那自驾体验

巴塞罗那的公路建设很好，与周边城市之间的交通畅行无阻。但是在市中心自驾是非常让人头疼的，首先市中心的停车场建的都非常"经济"，对于驾驶员的技术是一种考验；其次找停车场是一个眼力加精力加体力活。城市中红绿灯不多，路口交通多以环岛代替，虽然看起来简单，但GPS每次一说"请在第几个路口转弯"等等，很难确定；城市内道路基本都比较狭窄并且相似，往往GPS提示你已经到达或者就在附近时，却很难精确地找到位置。

⭐ 巴塞罗那省钱大比拼

对孩子优惠的景点			
景点名称	孩子玩点	优惠信息	地址
兰布拉大道	看街边的特色小摊，欣赏街头艺人的精彩表演	免费	La Rambla, 08002 Barcelona
巴特罗之家	欣赏外墙面的彩色马赛克、像人骨一样的柱子以及面具造型的阳台	18岁以上成人21.5欧元，7～18岁青年、65岁以上老人18.5欧元，7岁以下儿童免费	Passeig de Gràcia, 43, 08007 Barcelona
米拉之家	看那些戴着头盔的"士兵"烟囱	成人16.50欧元，学生14.85欧6岁以下儿童免费，7～12岁8.25欧元	Provença, 261–265, 08008 Barcelona
圣家族大教堂	俯瞰美轮美奂的巴塞罗那城	参观教堂门票全票为14.8欧元，登塔须另支付4.5欧元；含导览的门票或含登塔的门票需19.3欧元，学生及18岁以下儿童有2欧元折扣	Carrer de Mallorca, 401, 08013 Barcelona
古埃尔公园	找寻长廊支柱上不同形态的动植物造型	成人票8欧元，7～12岁儿童及65岁以上老人5.6欧元，7岁以下儿童免费	Carrer d'Olot, s/n, 08024 Barcelona
巴塞罗那大教堂	饱览巴塞罗那老城风光	免费	Pla de la Seu, s/n, 08002 Barcelona
毕加索博物馆	观看毕加索的作品	成人联票14欧元，常规展览11欧元，小于25岁年轻人和大于65岁老年人6欧元，仅临时展览6.5欧元，在校大学生、18岁以下未成年人等免费	Montcada, 15–23, 08003 Barcelona
加泰罗尼亚广场	观看喷泉和雕塑	免费	Plaça de Catalunya, 08002 Barcelona
巴塞罗那塔海滩	漫步、游泳等	免费	Passeig de Colom, 3, 08002 Barcelona

景点名称	孩子玩点	优惠信息	地址
西班牙村	参加丰富多彩的家庭活动	成人9.5欧元，学生6.6欧元，12岁以下儿童5.6欧元	Avinguda del Marques de Comillas, 13, 08038 Barcelona
蒙锥克城堡	参观西班牙出土的文物	免费	Montjuc Castle, Carretera de Montjuc, 66, 08038 Barcelona
迪比达波山	在山上的游乐场游玩	免费	Placa del Tibidabo	Sarrià, Sant Gervasi & Tibidabo, 08035 Barcelona
城堡公园	观看喷泉、雕塑等	免费	Passeig de Picasso, 21, 08003 Barcelona
巴塞罗那水族馆	观看海底生物	成人20欧元，1.1～1.4米儿童15欧元，0.9～1.1米儿童5欧元，0.9米以下儿童免费	Moll d'Espanya del Port Vell, s/n, 08039 Barcelona
巧克力博物馆	学习巧克力制作过程	5欧元，每月第一个周一免费参观；持巴塞罗那卡7折	Carrer Comerc, 36, 08003 Barcelon
巴塞罗那蜡像馆	观看蜡像人物作品	8.65欧元	Passatge de la Banca, 7, 08002 Barcelona
魔幻喷泉	观看喷泉	免费	Pl. Carles Buïgas, 1, 28080 Barcelona
奥尔塔迷宫花园	在迷宫中行走	免费	Passeig dels Castanyers, 108035 Barcelona

最好的学习在路上

带孩子游西班牙

PART4

带孩子游塞维利亚

157 ▶ 177

作为安达卢西亚省的首府，塞维利亚到处洋溢着繁荣景象，显示着其悠久的历史。城中有许多人类文化遗产建筑，还有各种各样具有大众气息和独特风格的街区，如特利亚纳区和马卡雷纳区。对于带孩子的游客来说，你可以和孩子在西班牙广场上拍下美丽的风景照，可以在弗拉门戈舞蹈博物馆中体验弗拉门戈舞蹈，可以在圣十字区去一边闲逛一边欣赏优美的宅邸，或者云皇家骑士俱乐部斗牛场了解斗牛的历史。无论如何，你总能发现塞维利亚不一样的美丽。

带孩子怎么去

乘飞机到达塞维利亚

对于前往塞维利亚旅行的游客来说，能够乘坐自己所在城市到塞维利亚的直达航班是所有父母的需求。可是目前国内还没有到塞维利亚的直航航班，你可以选择从北京、上海和香港等地乘坐中转航班，在巴黎、伦敦等地转机。下表列举了一些中转航班，游客可据需求选择。

中国到塞维利亚的部分中转航班资讯							
承运公司	航班号	线路	中转城市	停留时间	转乘航班	起飞时间	到达时间
中国国航	CA965	北京→德国→塞维利亚	法兰克福	2小时45分钟	汉莎航空LH1140	2:05	12:05
中国国航	CA855	北京→英国→塞维利亚	伦敦	19小时45分钟	英国航空BA2798	16:25	次日20:10
中国国航	CA937	北京→英国→塞维利亚	伦敦	22小时40分钟	英国航空BA2798	14:10	次日20:10
荷兰皇家	KL896	上海→荷兰→塞维利亚	阿姆斯特丹	19小时0分钟	荷兰皇家KL2685	12:15	次日15:55
英国航空	BA26	香港→英国→塞维利亚	伦敦	11小时40分钟	西班牙航空IB7631	23:05	20:10
国泰航空	CX289	香港→德国→塞维利亚	法兰克福	2小时35分钟	汉莎航空LH1140	0:25	12:05

从机场到塞维利亚市

塞维利亚主要机场是圣保罗机场（San Pablo Airport），每天都有航班从巴黎、伦敦、法兰克福、罗马等地和西班牙的马德里、巴塞罗那飞往塞维利亚。

●从圣保罗机场出发

圣保罗机场位于塞维利亚市中心东南10千米处，是塞维利亚的主要机场。从该机场前往塞维利亚市区可乘坐机场巴士和出租车等交通工具。

■ 地址：Seville Airport A-4, Km. 532 41020 Sevilla   ■ 网址：www.sevilla-airport.com

圣保罗机场至塞维利亚市的交通			
交通方式	英文	介绍	时间及票价
机场大巴	Airport Bus	机场巴士连接机场与市区的交通，从机场出发后，第一站为圣胡斯塔火车站，最后一站为Avda. de Cid。市区发车时间5:15~次日0:15，机场发车时间5:45至次日0:45	每30分钟一班，票价为2.2~2.5欧元，车程约30分钟
出租车	Taxi	航站楼出口有出租车停靠点，在机场的出租车站乘出租车有固定价格，周一到周五6:00~22:00为18.58欧元，夜间、周末、节日期间为20.72欧元，边长超过60厘米的行李每件加收0.4欧元	行车时间大约为15分钟，价格根据时间路线不同，大约为15~22欧元

亲子行程百搭

塞维利亚百搭

塞维利亚市中心及周边的景点很多，足够让一家人游玩两三天时间，想要轻松愉快点的可以按照神秘之旅路线游玩，喜欢休闲点的可以按照运动之旅路线游览，喜欢自由点的也可以将这些路线随意搭配。要注意途中休息一下，让孩子有充足的精力游玩。

神秘之旅
乘坐T1路公交车至Plaza Nueza站，步行5分钟即可到达

❶ 弗拉门戈舞蹈博物馆 （1.5小时）
Museo del Baile Flamenco

乘坐公交40、41、C4、EA路公交车到Paseo Cristóbal Colón (Torre del Oro)站或地铁1号线到Puerta de Jerez站均可到达

❷ 黄金塔 （1小时）
Torre del Oro

乘坐出租车走Paseo de Cristóbal Colón和Calle Torneo驶入Calle José de Gálvez，继续沿Calle José de Gálvez行驶至Calle del Lago路即可到达

❸ 神奇岛 （2.5小时）
Isla Muagica

乘坐出租车走Calle del Lago驶入Ronda Supernorte，沿Ronda Supernorte行驶从环岛的2出口驶出即可到达

❹ 阿拉米略公园 （2小时）
Alamillo Park

运动之旅
乘坐34路或环线C1 公交车到达Avda. María Luisa (Teatro Lope de Vega)站下，或乘坐C2公交车 到达Avenida María Luisa(La Raza)站下

❶ 玛丽亚·路易莎公园 （2小时）
Parque de María Laisa

乘坐公交T1至Archivo de Indias站下车即可到达

❷ 塞维利亚大教堂 （1.5小时）
Catedral de Sevilla

从Estacion de Autobuses Plaza de Armas车站向东步行约100米可到

❸ 塞维利亚美术馆 （1.5小时）
Museode Bellas Arles

乘坐出租车走Calle San Laureano驶入Calle Torneo后沿Calle Torneo、Av Cristo de la Expiración和Av Expo'92行驶走Ronda Supernorte开往目的地

❹ 塞维利亚奥林匹克体育场 （2小时）
Estadio Olímpico de Sevilla

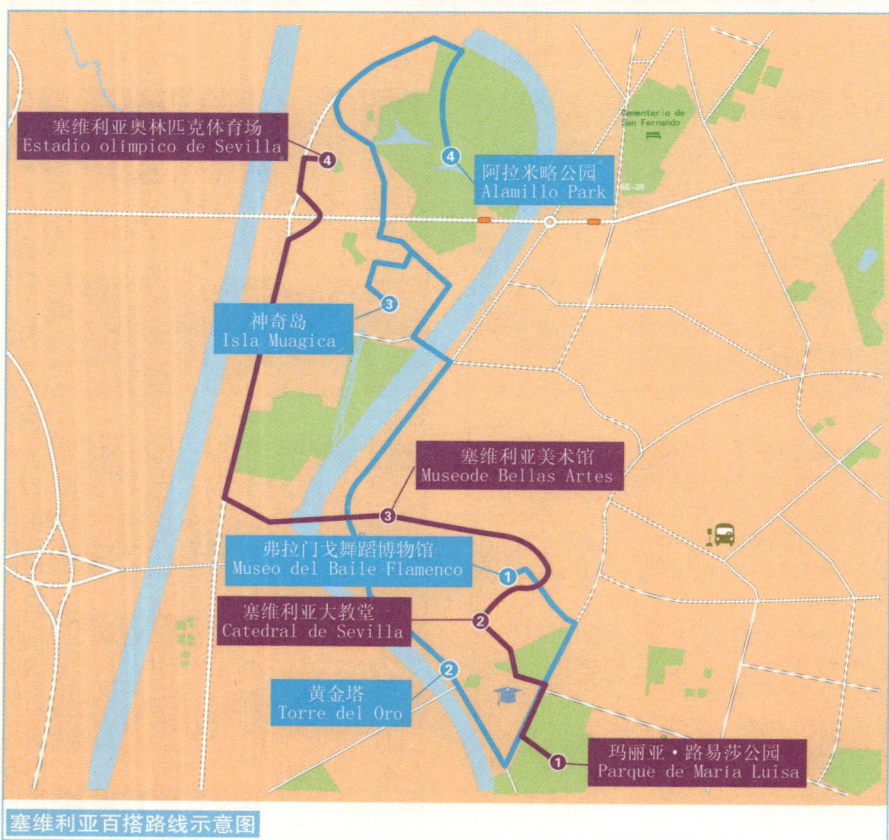

塞维利亚奥林匹克体育场
Estadio olímpico de Sevilla

阿拉米略公园
Alamillo Park

神奇岛
Isla Muagica

塞维利亚美术馆
Museode Bellas Artes

弗拉门戈舞蹈博物馆
Museo del Baile Flamenco

塞维利亚大教堂
Catedral de Sevilla

黄金塔
Torre del Oro

玛丽亚·路易莎公园
Parque de María Luisa

塞维利亚百搭路线示意图

亮点

① 西班牙广场：在广场上拍照
② 塞维利亚大教堂：世界三大教堂之一
③ 圣十字区：欣赏优美的宅邸
④ 弗拉门戈舞蹈博物馆：体验佛拉门戈舞蹈
⑤ 玛丽亚·路易莎公园：乘坐碰碰车、摩天轮
⑥ 皇家骑士俱乐部斗牛场：了解斗牛的历史

西班牙广场

西班牙广场（Plaza de Espana）位于玛利亚路易莎公园的边缘，最初是为了1929年的伊比利亚美洲展览，由塞维利亚建筑师Aníbal González设计建造的。这是一个半圆形的广场，连绵不断的建筑环绕着广场边缘，可通过有许多美丽桥梁的护城河到达。如果你想拍一些好看的照片，那就不要错过西班牙广场，宽阔的广场、完美的建筑、精致的河流小桥，一定能让你拍出不错的照片。傍晚时分，金碧辉煌的广场建筑和碧蓝的晴空交相辉映，非常漂亮。

适合孩子年龄：6～12岁
游玩重点：在广场上拍照

亲子旅行资讯

✉ Plaza de Espana, 41013 Sevilla
🚗 乘坐34、C1路公交车在Avda. María Luisa站下，步行即到
💲 免费
🕐 8:00～24:00

塞维利亚大教堂

塞维利亚大教堂（Catedral de Sevilla）是与梵蒂冈圣彼得大教堂和伦敦圣保罗大教堂齐名的世界三大教堂之一，是塞维利亚市内的著名景点。大教堂由5座哥特式殿堂组成，包括王室座堂、主礼拜堂、大教堂博物馆等，殿堂之间以交叉的宽广的回廊相连。宏伟的塞维利亚大教堂内有很多值得看的地方，如高大的包金木祭坛、教堂大厅内航海探险家哥伦布的棺椁灵墓，还有教堂哥伦布及其他美洲大陆探险者的地图、手稿文献等。你可以和孩子漫步在教堂内部，感受它的繁复、华丽和精致，一定会让你流连忘返的。

亲子旅行资讯

✉ Avenida de la Constituci ó n,s/n,41080 Sevilla

🚌 乘坐C5路公交车至Garc í a de Vinuesa (Avda. Constituci ó n) 站下车即可；乘坐T1路公交车至 Archivo de Indi as站下车

🌐 www.catedraldesevilla.es

💲 成人票8欧元，学生票4欧元；15岁以下并有成人陪伴的孩子免费，残疾人及其陪伴人均免费

📅 7～8月9:30～16:30；9月至次年6月周一11:00～15:30，周二至周六11:00～17:00，周日及公众假期14:30～18:30。1月1日、1月6日、3月20日、3月22日、5月26日、8月15日和8月25日关闭

☎ 090-2099692

1.在教堂内拍照请不要使用闪光灯。

2.教堂的塔楼有70米，约有34层楼之高，身体不适者请量力而行。

3.塞维利亚大教堂外广场上人非常多，建议保管好自己的随身物品，当心小偷。

皇家骑士俱乐部斗牛场

皇家骑士俱乐部斗牛场（Plaza de toros de la Real Maestranza de Caballeria）位于塞维利亚最著名的斗牛区阿雷纳尔（Arenal），是西班牙最重要的斗牛场之一。斗牛场建筑中最醒目的是富丽堂皇的半圆形拱廊和王子门（Puerta del Principe），斗牛场对面有一座名为《雪茄厂女工卡门》的雕塑，是根据小说《卡门》中的经典形象创作的。根据梅里美和比才的作品，卡门就是在这里被何塞杀害的。斗牛场内有一个斗牛博物馆，在这里你可以了解斗牛的历史以及著名斗牛士生平介绍等，还能看到各色精工刺绣的斗牛士服装。

亲子旅行资讯

✉ Paseo de Cristóbal Colón，12，41001 Sevilla
🚌 乘坐40、41路公交车到Paseo de Colón站即可
🌐 www.realmaestranza.com
💰 成人6.50欧元，学生4欧元，6岁至11岁儿童2.5欧元，票价均包括英文或西班牙文导游费用
🕘 9:30~19:00；9:30~20:00；斗牛日9:30~15:00
☎ 095-4224577

圣十字区

圣十字区（Santa Cruz）位于塞维利亚大教堂和王宫以东的市中心腹地，是昔日塞维利亚犹太人的居住区，现在是塞维利亚的老城区，这一区域内保存了很多华丽的宫殿和优美的宅邸，很有古色古香的感觉。圣十字区中心有一个圣十字广场，广场上有著名的十字架，这个十字架也是是广场和整个城区名字的由来。只有漫步在这样的老城区，你才算真正来过塞维利亚！所以一定要花时间慢慢走。迷宫样的街道两旁的民居蕴藏着不同宗教、不同文化的风格，酒馆里时不时传来弗拉门戈的节奏，这里是最有西班牙风情的区域！

亲子旅行资讯

✉ Barrio de Santa Cruz Sevilla
🚌 乘坐T1路公交车至Archivo de Indias站下

弗拉门戈舞蹈博物馆

适合孩子年龄：8～12岁
游玩重点：体验弗拉门戈舞蹈

相信大家对西班牙的国粹——弗拉门戈舞有所耳闻，但不一定了解它，那就去弗拉门戈舞蹈博物馆（Museo del Baile Flamenco）看看吧。弗拉门戈舞蹈博物馆开放于2006年，致力于展现弗拉门戈舞蹈艺术，也是极少数致力于展现弗拉门戈舞蹈艺术的博物馆之一。博物馆一层为庭院、商店、休闲区和弗拉门戈舞蹈教学区；二层有多个区域，在这里可以有声有色地体验弗拉门戈舞蹈；三层则是展览区。在这里，你能通过博物馆现代化的展示设备，了解到弗拉门戈舞蹈的历史。

亲子旅行资讯

✉ Calle de Manuel Rojas Marcos，3，41004 Sevilla

🚌 搭乘T1路公交车至Plaza Nueva站，步行5分钟即可到达

🌐 www.museoflamenco.com

💶 参观博物馆成人10欧元，学生8欧元，儿童6欧元；弗拉门戈舞表演成人20欧元，学生14欧元，儿童12欧元；博物馆+弗拉门戈舞表演联票成人24欧元，学生18欧元，儿童15欧元

🕐 10:00～17:00，弗拉门戈舞19:00～20:00

☎ 095-4340311

玛丽亚·路易莎公园

玛丽亚·路易莎公园（Parque de María Luisa）是塞维利亚的主要绿化区域。公园内种植着3500棵高大的树木，是一处远离繁忙和喧嚣的都市桃源。公园的南端是为拉丁美洲博览会而兴建的建筑，分别是塞维利亚省立考古博物馆和民俗博物馆。考古博物馆展出史前时代和古罗马时代的文物，民俗博物馆内里有塞维利亚当地陶器、传统民族服装和古代农具、家具等。公园里面还有儿童游乐设施，你可以带孩子来这里乘坐碰碰车、摩天轮等。

适合孩子年龄：6～12岁
游玩重点：参观考古博物馆和民俗博物馆等

亲子旅行资讯

✉ Avenida de Magallanes, 41013 Sevilla

🚌 乘坐34、C1路公交车在Avda. María Luisa（Teatro Lope de Vega）站下或C2路公交车在Avenida María Luisa（La Raza）站下步行即到

🌐 www.turismosevilla.org

🕐 冬季8:00～22:00，夏季8:00～24:00

☎ 095-4221404

神奇岛

神奇岛（Mayic Island）位于瓜达尔基维尔河中的卡尔图加岛上，是一座以16世纪的塞维利亚为背景的主题公园。神奇岛内有一个大型的湖泊、过山车El Jaguar，以及其他各种类型的游乐设施以及电影院。神奇岛占地25公顷，共分为塞维利亚一启程印第安纳之港、美洲之门、亚马孙河流域、海盗巢穴、不老泉和黄金之国6大主题区域。你和孩子在神奇岛不仅可以一览16世纪的塞维利亚城市风光，还可以体验发现新大陆的艰辛和狂喜。

适合孩子年龄：6～13岁
游玩重点：玩各种游乐设施

亲子旅行资讯

Calle de Jose de Galvez, 41092 Sevilla
乘坐C2火车在Estadio Olimplo站下
www.islamagica.es
090-2161716

塞维利亚其他景点推荐			
中文名称	**外文名称**	**地址**	**网址**
大主教宫	Palacio Arzobispal	Avenida de la Constitucion s/n, 41004 Seville	—
吉拉尔达塔	Giralda	Calle Placentines, 53, 41004 Sevilla	www.catedraldesevilla.es
黄金塔	Torre del Oro	Paseo de Cristóbal Colón, s/n, 41001 Sevilla	—
塞维利亚大学	Universidad de Sevilla	Calle San Fernando, 4, 41004 Sevilla	www.us.es
塞维利亚斗牛场	Plaza de Toros de la	Paseo de Cristóbal Colón, 12, 41001 Sevilla	www.realmaestranza.com
皮拉托之家	Casa de Pilatos	Plaza de Pilatos, 1, 41003 Sevilla	—
圣十字广场	Plaza de Santa Cruz	Plaza de Santa Cruz, 41004 Sevilla	—
西印度群岛综合档案馆	El Archivo General de Indias	Avenida de la Constitucion s/n, 41004, Sevilla	www.sevilla.org
圣玛利亚教堂	Iglesia de Santa Maria la Blanca	Calle Santa Maria la Blanca, 5, 41004 Sevilla	www.archisevilla.org
塞维利亚美术馆	Museode Bellas Artes	Plaza del Museo, 9, 41001 Sevilla	www.museosdeandalucia.es
塞维利亚市政厅	Ayuntamiento	Plaza Nueva, 1 41001 Sevilla	www.sevilla.org
马卡雷纳教堂	Basilica de acarena	Calle de Bécquer, 1, 41002 Sevilla	—
水手礼拜堂	Capilla de los Marineros	Calle Pureza, 52, 41010 Sevilla	www.esperanza-de-triana.org
当代艺术博物馆	Centro Andaluz de Arte ontempcraneo	Avenida de Americo Vespucio, 2, 41092 Sevilla	www.juntadeandalucia.es
皮奈罗之家	Casa de los Pinelo	Calle Abades, 9, 41004 Sevilla	—
圣埃斯特班教堂	Iglesia de San Esteba	Calle Medinaceli, 2 41003 Sevilla	—
萨尔瓦多广场	Plaza del Salvador	Pl,del Sauador,41004 sevilla	—
圣弗朗西斯科广场	Plaza San Francisco	Pl.des.Francisco Sevilla	—

165

跟孩子吃什么

在塞维利亚旅行，不用担心这里没什么美食可尝。在这里，你可以吃到加的斯的新鲜海鲜、哈恩省的橄榄油、胡瓦山火腿、桑鲁卡明虾、鳕鱼等，喝到赫雷斯的雪利酒、蒙萨隆尼亚酒等。对于带孩子的游客来说，可以带孩子品尝甜蛋黄、玉米饼、海绵蛋糕、油煎蛋饼、甘诺特等甜点。此外，炖牛尾和炸鱼是塞维利亚最著名的美食，千万不要错过了。

塞维利亚的特色美食

●蔬菜冷汤

蔬菜冷汤是安达卢西亚地区极受欢迎的夏令菜，在炎炎夏日里食用具有消暑作用。它是将西红柿、黄瓜、洋葱等蔬菜放进粉碎机里打成糊状，根据自己的喜好加上菜末，或浇上一些橄榄油、撒上一些胡椒粉，是一种非常开胃的菜汤。

●Tapas

Tapas是西班牙的餐前小吃，很多人都认为这种美食是起源于安达卢西亚。塞维利亚作为安达卢西亚的首府，其Tapas的种类多样，除了传统的火腿、土豆饼、油炸虾子之外，还包括凉菜、热菜、海鲜、夹肉面包、油炸小酸鱼等。很多餐厅、酒吧、特色老店都提供Tapas和半Ración（半份Tapas），有的时候半份就能吃饱了，是真正的味美价廉的美食。

孩子最喜欢的餐厅

如果你想品尝一些塞维利亚最地道的风味菜品，最好去一些小酒馆，这些地方菜式多，而且价格合理。在城中心大天主教堂旁边有许多享用Tapas的好地方。在那里你是不会点错菜的，每样都点一份，总有适合你口味的一道！如果你是夏季去塞维利亚的话，就去尝尝蔬菜冷汤、各种沙拉和肉酱，可以消暑开胃。

●Pimenton

这家餐厅距离塞维利亚大教堂仅百余米，就餐环境和服务水平均属上乘。推荐午餐套餐（Menú del día），包括3份Tapas、饮料、餐包和餐后咖啡，仅8.95欧元。

■ Calle García de Vinuesa, 29, 41001 Seville ■ 网址www.spain.100montaditos.com ■ 电话：090-2197494

●Cervecería 100 montaditos

这是一家老字号的餐厅，坐落在塞维利亚老城主要夜生活区内，在这里可以品尝到西班牙特色小吃Tapas。随刀叉送上的面包和饼干是收费的，不过只加收0.6欧元。饭点时间可能需要排队，尤其是晚餐，建议早点前来。

■ 地址：Plaza Cristo de Burgos, 19, 41003 Seville, Sevilla　　■ 网址：www.tabernacoloniales.es　　■ 电话：095-4501137

●Corral del Agua

这里的就餐环境十分舒适静谧，菜肴为传统或独创的安达卢西亚美食。你可以在葡萄藤与紫薇花缠绕的凉棚下的庭院里度过轻松的时光。

■ 地址：Callejón del Agua, 6, 41004 Sevilla　　■ 网址www.corraldelagua.es　　■ 电话：095-4224841

●Mesón Cinco Jotas

这是一家连锁餐厅，在马德里、巴塞罗那等地也有同名餐厅。这里也是当地最好的火腿品尝地。尔可以在此品尝到醇香的葡萄酒，配以伊比利亚口味的里脊肉，没有更好的味蕾享受了。

■ 地址：Calle Castelar, 1, 41001 Sevilla　　■ 电话：095-4210763

塞维利亚其他餐厅推荐			
餐厅	介绍	地址	电话
La Azotea	塞维利亚新派Tapas Bar，人气旺盛，服务员非常友好	Calle Jesus del Gran Poder, 31, 41002,Sevilla	095-5116748
Az-Zait	Az-Zait是一家地道小餐馆，菜品丰富且非常地道	Pl. de S. Lorenzo, 1, 41002 Sevilla	095-4906475
Parador De Carmona	可以在典雅的餐厅享用美食，这里汤品鲜美，饭后甜点口感顺滑，甜而不腻	Alcázar, s/n, 41410 Carmona, Sevilla	095-4141010
Levies	这家Levies推荐Tapas和果酒，菜单主要有Tapas和墨西哥风格的食物，另一家Levies推荐酒和其他饮品	Calle San José, 15 41004 Sevilla	095-4225096
Bodega Santa Cruz	这里可以尝到各种西班牙风味的美食，量还可以，价格很便宜	Calle San José, 15 41004 Sevilla	095-4211694
Dos de Mayo	自助服务，价格也合理，若想体验当地人的生活，非常值得一去	Plaza de la Gavidia 6，Sevilla	095-4908647
Bar Alfalfa	夺人眼球的伊比利亚大火腿。餐厅布局紧凑，旦面播放热情洋溢的音乐。除了菜单上固定的Tapas，小黑板上还写着更多"今日特供"，面包和饼干免费赠送	Calle Candilejo, 1, 41004 Seville	095-4222344

和孩子住哪里

塞维利亚的住宿地主要集中在市中心，其中中小型旅馆主要集中在圣十字区和塞维利亚大教堂周边。塞维利亚的景点比较集中，住在圣十字区等地方的话，一般步行就可以到达旅游景点，对于带孩子的游客来说比较方便。塞维利亚人在晚上都很活跃，夜晚非常热闹，有的地方可以用"吵闹"来形容，如果你怕吵的话，最好选一间背街的房间。4月是塞维利亚的旅游旺季，有圣周和四月节，来此游玩的人特别多，如果你在这个时候来塞维利亚的话，最好提前预订住宿地。

●玛利亚多娜酒店

玛利亚多娜酒店（Hotel Doña Maria）位于塞维利亚中心的一个古老的宫殿内，酒店设有一个季节性开放的屋顶泳池和免费无线网络连接。酒店所有的客房均有独特设计的经典家具。客房隔音并设有空调，还配有卫星电视。酒店提供自助早餐，并设有一个票务服务和一个旅游咨询台。

■ 地址：Calle Don Remondo, 1941004 Sevilla　■ 网址：www.hdmaria.com　■ 电话：095-4224990

●贝克尔酒店

贝克尔酒店（Hotel Becquer）坐落在塞维利亚的老城区，这里设有一个可眺望到吉拉尔达塔和塞维利亚大教堂美景的露台。酒店内设一个室外游泳池、小吃店和小吃酒吧。客房都配备了免费无线网络连接、一台平面电视、迷你吧、保险箱和包括各种茶叶及咖啡的水壶。酒店的SPA设有土耳其浴池、热水浴缸和桑拿浴室。

■ 地址：Calle Reyes Católicos, 441001 Sevilla　■ 网址：www.hotelbecquer.com
■ 电话：095-4228900

●塞维利亚马克蕾娜崔普酒店

塞维利亚马克蕾娜崔普酒店（TRYP Sevilla Macarena Hotel）位于著名的旅游观光区——玛卡莲娜。酒店内设施繁多，24小时前台、无线网络（公共区域）、停车场、客房服务等都已配备。部分客房内设有无线网络（免费）、空调、暖气、迷你吧。此外，客人还能使用高尔夫球场（酒店内设）、室外游泳池、日光浴等休闲设施。

■ 地址：Calle San Juan de Ribera, 2 41009 Sevilla　■ 网址：www.melia.com
■ 电话：090-2144440

● 塞维利亚巴塞罗文艺复兴酒店

　　塞维利亚巴塞罗文艺复兴酒店（Barcelo Sevilla Renacimiento）设施一应俱全，可让你的住宿体验变得回味无穷。部分客房内设吹风机、浴缸、液晶电视、洗漱用品、闹钟等设施。你还可以享受酒店内的休闲设施，其中包括室外游泳池、花园、健身中心、日光浴、高尔夫球场（3千米范围内）等。

■ 地址：Avenida Álvaro Alonso Barba, s/n 41092 Sevilla　　■ 网址：www.barcelo.com　　■ 电话：095-4462222

塞维利亚其他住宿地推荐					
中文名称	外文名称	地址	网址	电话	费用
拉斯克鲁西斯公寓	Apartamentos Las Cruces	Calle Cruces, 11 41004 Sevilla	—	095-4216091	约67欧元起
塞维利亚休闲酒店	Casual Hotel Sevilla	Calle Alhondiga, 24, 41003 Sevilla	www.casualhoteles.com	095-4222677	约60欧元起
希斯潘诺卢斯舒适旅馆	Hispano Luz Confort	Calle Miguel Mañara, 4 ,41004 Sevilla	www.hostalhispanoluzsevilla	095-5638079	约74欧元起
穆里略酒店	Hotel Murillo	Calle Lope de Rueda, 7 ,-9 41004 Sevilla	www.hotelmurillo.com	095-4210959	约80欧元起
卡萨德科隆精品酒店	Hotel Boutique Casa de Colón	Calle Hernando Colón, 3,41004 Sevilla	—		约99欧元起
马里斯卡尔公寓酒店	Apartament-os Mariscal	Calle Mariscal, 4, 41004 Sevilla	—	068-7712119	约127欧元起

给孩子买什么

塞维利亚是一个传统手工业非常发达的城市，这里最著名的手工艺品是刺绣和瓷器。这里的刺绣特别精美，特别是那些绣花的丝被特别受女士们喜爱。塞维利亚的每一件瓷器就像一个艺术品，特别漂亮。对民族风感兴趣的游客可以在塞维利亚好好淘一淘西班牙的传统服饰和阿拉伯风格的陶瓷。另外吉他、扇子及刺绣品也是值得购买的。

不可错过的购物地

塞维利亚是许多美丽的手工艺术品的故乡，Triana有许多陶器厂，在那里可以从手艺精湛的工匠手中买到各种各样的瓷器。大天主教堂附近，尤其是在Calle Sierpes有不少出售设计独特的盘子和瓷器的店铺。此外，塞维利亚还有很多出售弗拉门戈服饰和吉他的商店。

●西尔皮斯街

西尔皮斯街（Calle Sierpes）在塞维利亚市政厅后面，是塞维利亚最重要的商业街，也是圣周游行队伍的必经之路。这里有许多卖陶瓷工艺品、吉他、刺绣、传统弗拉门戈服饰、扇子等商品的商店。此外，这里还有咖啡馆、酒吧等，是一个休闲和购物的好去处。

■ 地址：Calle Sierpes, Sevilla

●特里亚纳区

特里亚纳区（LosRemedios Triana）在塞维利亚瓜达尔基维尔河西面，是一个瓷器厂聚集的地方，还有很多瓷器市场，你可以去逛逛，说不定能在瓷器店或工匠的手里买到非常好的瓷器呢。此外，这里也是一个时尚的购物区，有很多流行服饰店。

●展会街

展会街（Calle Feria）在马卡雷纳大教堂东边不远处，这里最热闹的是每周四的传统跳蚤市场。届时，很多人都会来这里逛集市、买东西，你也可以来淘点好东西。

●El Corte Inglés

El Corte Inglés是西班牙著名的百货公司，在塞维利亚有好几家分店，里面的商品齐全，名品众多，佢价格有一点贵。

■ 地址：Plaza del Duque de la Victoria,8,41002 Sevilla ■ 网址：www.elcorteingles.es
■ 电话：095-4502677

●Nervión Plaza

Nervión Plaza是一个大型的购物中心，离普拉多·圣·巴斯蒂安站不远，里面有Zara、H&M等品牌的专卖店，是你不可错过的购物地。

■ 地址：Calle Luis de Morales,3,41005 Sevilla ■ 交通：乘28、29路公交车到Luis
de Morales（Est. Sánchez Pizjuán）站下即可 ■ 网址：www.nervionplaza.com
■ 电话：095-4989131

在塞维利亚的出行

　　塞维利亚的陆地交通基本不会堵车，而地铁站不多，价格相对公交车来说又比较昂贵，所以可以优先选择公交车。而且塞维利亚的道路不宽，有很多单行道，所以乘坐公交车要注意往返线路有可能不同，否则非常容易坐错车。对于带孩子的游客来说，不妨乘坐观光巴士。

公交车

　　塞维利亚的公交线路不多，主要是C1、C2、C3、C4四路环线绕着塞维利亚的城市环线行驶。市区东西南北4个点分别有公交车连接市中心，形成放射性网络。此外还有4条线路横向贯穿全城。主要的公共汽车站集中在塞维利亚市政厅前的新广场和牟利罗花园附近的圣塞巴斯汀广场。公交车票价：1次票为1.4欧元；多次卡一次为0.66欧元，若中途转车为0.72欧元；1天卡为5欧元，3天卡为10欧元。多次卡、1天卡、3天卡可以在Prado San Sebastián 和 Plaza Ponce de León等地办理，押金为1.5欧元。

地铁

　　塞维利亚轻型地铁自2009年开始运营，1号线从西边开往南边；2号线连接东西方向交通；3号线连接南北主要区域；4号线为半圆形，在地面上运行。塞维利亚的地铁分为0区、1区和2区，运营时间为周一至周五6:30～23:00，周六周日6:30至次日凌晨2:00。地铁单程票：本区内为1.35欧元，跨1区为1.60欧元，跨2区为1.80欧元；来回票：本区内为2.70欧元，跨1区为3.20欧元，跨2区为3.60欧元。一天票为4.50欧元。

观光巴士

塞维利亚观光巴士停靠西班牙广场（玛丽亚·路易莎公园）、黄金塔、世贸中心、神奇岛这几个地方，当日购票可随意上下。

出租车

塞维利亚的出租车周一至周五7:00～21:00起步价为3.43欧元，每千米0.87欧元，节假日和晚间21:00～7:00起步价为4.29欧元，每千米1.07欧元。若有行李会加收行李费，从机场、火车站打车也会加收费用。叫车电话：095-4675555、095-4580000、095-4622222。

自行车

自行车在塞维利亚也很普遍，你可以租一辆自行车，穿梭在各条街道和各个景点之间。你可以办理一张自行车证，一个星期的自行车证需要5欧元，收费标准是前半个小时免费，后续每多一小时收费1欧元。一年的自行车证需要10欧元，每次半小时以内免费，每多一个小时收费50欧分，还能异地还车。Cyclotour是一家专门出租自行车的公司。地址：Calle Tomás de Ibarra, 8 41001 Sevilla。电话：095-5321721。网址：www.cyclotour.es。

电车

Tranvia是塞维利亚的特色环保型电车。如今有多条线路运行，其中T1和T4穿梭于新广场、宪法大道、西印度群岛档案馆等主要景点和交通要点。单程票1.1欧元，旅行优惠票(Bono)乘5次只需5欧元。

马车

在Plaza del Triunfo的东边，你可以看到成群的马车，那是它们的主要聚集地。它们的工作时间10:00～23:00。马车费用为35～40欧元，时间为35～40分钟，主要行走在城市宽阔的林荫道上。

173

专题：西班牙国粹——斗牛

　　西班牙斗牛场面非常壮观，也惊心动魄，富有强烈的刺激性，千百年来，这种人牛之战吸引着世界各地的人们，更是现代西班牙旅游业的重要项目。而且斗牛是西班牙的国粹，风靡全国，享誉世界。那你了解斗牛的历史，以及斗牛的过程吗？

● 斗牛的历史

　　西班牙斗牛已经有好几个世纪甚至上千年的历史。在阿尔达米拉岩洞中发现的新石器时代的岩壁画里，人们看到了一些记录着人与牛搏斗的场面。根据历史记载，曾经统治西班牙的古罗马恺撒大帝就热衷于骑在马上斗牛。而后，斗牛发展成站立在地上与牛搏斗。至此，现代斗牛的雏形基本形成。在这以后的600多年时间里，这一竞技运动一直被认为是勇敢善战的象征，在西班牙的贵族中颇为流行。

　　到了18世纪中期，波旁王朝统治时期，第一位国王菲利佩五世对于这项运动深恶痛绝，认为这种容易对皇室成员造成伤害的残酷运动应该被禁止。此后，这一传统贵族专利运动就从王宫传到了民间。

　　现在西班牙有300多座斗牛场，最大的是马德里的拉斯文塔斯斗牛场，可容纳2.5万人。每年3~11月是西班牙斗牛节，通常以周日和周四为斗牛日，有些时候每天也有斗牛。

●你了解斗牛的过程吗

一场斗牛由3个斗牛士出场，角斗6条公牛，每人两个回合。这3位斗牛士各有一套助手班子，包括3个花镖手和两个骑马的长矛手。

整个表演以斗牛士入场拉开序幕，两位穿着16世纪装束的前导骑着马首先上场。他们首先向主席就座看台跑去，请求他赐给牛栏的钥匙，此时全场异常安静，观众静待这神圣又庄严的场面。然后，乐队奏起了嘹亮的斗牛士进行曲，乐曲声中3位斗牛士各自率自己的一班人马分三列同时上场。绸制的斗牛士服在阳光下闪闪发光，十分耀眼。他们摆着特有的姿势绕场一周，随后来到主席面前向他鞠躬致意。等斗牛士退场后，主席反手一挥，号角吹响，也就是告示牛栏大门敞开，牛飞奔而出，即斗牛开始。

整个斗牛过程包括引逗、长矛穿刺、上花镖及正式斗杀4个部分。引逗就是先把公牛惹怒，然后，两名身骑高头大马的刺牛士，手持长矛，直刺牛背，把牛背刺得血流如注。接着两名梭镖手将带弯勾的梭镖准确无误地插入正在流血的牛背处，每次两镖，共投三次。

在最后阶段，也即最后刺杀阶段，也是斗牛的高潮。斗牛士出场，他先把公牛累得筋疲力尽，然后以一把带弯头利剑瞄准牛的颈部，引逗牛向其冲来，自己也迎牛而上，冲上前把剑刺向牛的心脏，牛会在很短的时间内应声倒地。

●在塞维利亚斗牛广场观看斗牛

每年4～9月在塞维利亚斗牛广场会举办斗牛比赛，尤其是4月份，比赛分布比较密集。始建于1749年的斗牛场可以说是西班牙斗牛活动的发源地。

其雪白的石灰墙壁，巴洛克风格的外表，只为胜者而开的王子门，石雕装饰的主看台……所有这一切使这个斗牛场成为一个值得欣赏的艺术品。

对斗牛有兴趣的游客可以在斗牛广场的网站上查询具体的比赛场次和斗牛士的情况，也可以在网站上购票，网址为www.plazadetorosdelamaestranza.com。

塞维利亚 周边自驾游

在塞维利亚玩一圈下来，很多有余力的父母都想自驾带着孩子到周边转转，在沿途领略别样的风景。可以先从塞维利亚前往两姊妹镇，体验一下小镇的美。再到卡莫纳，顺带游览一下沿途的美景。然后到拉兰特胡埃拉，呼吸一下清新空气，享受到公园迷人的草地。最后到卡萨利亚镇，感受小镇的古老气息。这里提供一个自驾游的地图供参考，油价成本以大众高尔夫1.4L自动挡或同等车型全新车辆为例，耗油费5升/100千米。

塞雅利亚及周边自驾路线

两地约39.4千米，耗油约2.52欧元，用时约33分钟

两地约48.7千米，耗油约3.11欧元，用时约50分钟

拉兰特胡埃拉
La Lante Alajuela

塞维利亚市中心
Seville city

卡莫纳
Carmona

马切纳
Marchena

Complejo
Endorreico
de La Lantejuela

两地约22千米，耗油约1.40欧元，用时约27分钟

两地约15.4千米，耗油约1.01欧元，用时约16分钟

两姊妹镇
Dos Hermanas town

卡萨利亚镇
Casa Leah town

塞维利亚及周边自驾路线示意图

塞维利亚自驾体验

开车进入塞维利亚很轻松，沿着宽阔笔直的林荫大道，直接可以进入市中心。值得注意的是一定要提前和你的酒店预订车位，因为老城里的许多酒店都不

大，而且车位很少，而公共车位费用按小时计算价格也不菲。如果不预订，到了发现没车位就是很头疼的事情了。

⭐ 塞维利亚省钱大比拼

对孩子免费的景点			
景点名称	孩子玩点	优惠信息	地址
塞维利亚大教堂	观礼拜堂内的哥伦布灵柩和四尊雕像抬着的石棺等	成人票8欧元，学生票4欧元；15岁以下并有成人陪伴的孩子免费，残疾人及其陪伴人均免费	Avenida de la Constitución, s/n, 41080 Sevilla
塞维利亚西班牙广场	乘马车、拍照等	免费	Plaza de Espana, 41013 Sevilla
大主教宫	参观大三教宫	免费	Avenida de la Constitucion s/n, 41004 Seville
圣十字区	在特色街店中购物	免费	Barrio de Santa Cruz, Seville
吉拉尔达塔	眺望塞维利亚城市美景	免费	Calle Placentines, 53, 41004 Sevilla
黄金塔	参观古海图、古船模型及各种船头装饰	成人3欧元，学生、6~14岁、65岁以上退休人士、团体等1.5欧元，6岁以下儿童免费。周一免费开放	Paseo de Cristóbal Colón, s/n, 41001 Sevilla
塞维利亚大学	参观大学	免费	Calle San Fernando, 4, 41004 Sevilla
皇家骑士俱乐部斗牛场	观看斗牛场	成人6.5欧元，学生4欧元，6~11岁儿童2.5欧元	Paseo de Cristobal Colon, 12, 41001 Sevilla
塞维利亚斗牛场	观看斗牛表演	根据场次和位置不同，从4欧元到50欧元不等	Paseo de Cristóbal Colón, 12, 41001 Sevilla
弗拉门戈舞蹈博物馆	了解弗拉门戈舞蹈这和艺术的起源和演化	参观博物馆成人10欧元，学生8欧元；弗拉门戈舞表演成人20欧元，学生14欧元	Calle Manuel Rojas Marcos 3, 41004, Sevilla
皮拉托之家	欣赏花园	参观1楼6欧元，参观1.2楼8欧元	Plaza de Pilatos, 1, 41003 Sevilla
圣十字广场	观看著名的十字架	免费	Plaza de Santa Cruz, 41004 Sevilla
玛丽亚·路易莎公园	在花园中的游乐设施游玩	免费	Avenida de Magallanes, 41013 Sevilla
塞维利亚美术馆	欣赏美术作品	3欧元	3欧元
塞维利亚市政厅	欣赏浮雕	免费	坐落于Nueva广场
马卡雷纳教堂	参观马卡雷纳希望圣母像	免费	Calle de Bécquer, 1, 41002 Sevilla
当代艺术博物馆	观看展品	免费	Avenida de Americo Vespucio, 2, 41092 Sevilla
牟利罗花园	欣赏安达卢西亚当代艺术品	免费	Calle Jardines de Murillo
皮奈罗之家	欣赏美丽的庭院	免费	Calle Abades, 9, 41004 Sevilla
神奇岛	玩各和游乐设施	对12岁以下孩子有优惠	Calle de Jose de Galvez, 41092 Sevilla

最好的学习在路上

带孩子游西班牙

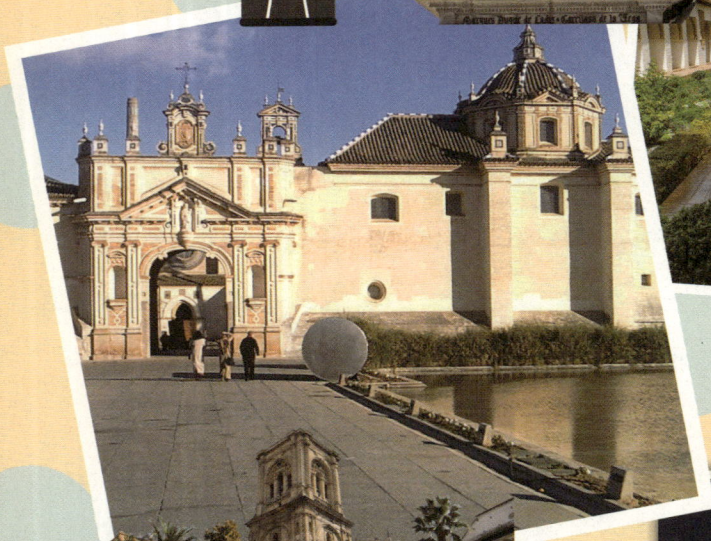

带孩子游格拉纳达

179 ▶ 197

　　著名的摩尔人王宫阿尔罕布拉宫就在格拉纳达，这座融汇着各种风格的著名历史古迹，使格拉纳达市成为西班牙一个文化和旅游热点，对于带孩子的游客一定不要错过。由于格拉纳达市地处距海岸线60千米但白雪皑皑的斯拉纳瓦达山脚下，你和孩子不妨在尽情享受滑雪的乐趣之后，到充满阳光的海滩晒晒日光浴，领略一番独特的地中海风情。

带孩子怎么去

乘飞机到达格拉纳达

　　格拉纳达机场（Granada Airport）主要有到马德里、巴塞罗那等西班牙国内城市的航班，也有少量到欧洲主要城市的国际航班，一周约有2～3班。国内到格拉纳达没有直达航班，可以在欧洲的巴黎、伦敦等地转机。也有很多人选择乘飞机到马拉加机场，再坐巴士到格拉纳达，马拉加机场到格拉纳达每小时有一班巴士。

从机场到格拉纳达市

●从格拉纳达机场出发

　　格拉纳达机场（Granada Airport）也被称作Federico García Lorca Airport，在格拉纳达市区西部约17千米的A92公路旁。从该机场前往格拉纳达市区可乘坐机场巴士、出租车等交通工具。格拉纳达机场网址：www.aena-aeropuertos.es。

格拉纳达机场至格拉纳达市的交通			
交通方式	英文	介绍	时间及票价
机场大巴	Autocares J Gonzalez	从市中心出发，经过安达卢西亚大道（la Avenida de Andalucía），汽车站（la Estación de Auto buses）等地，市区到机场首班时间5:20，末班时间20:30，约1小时一班，节日可能减少班次	大约40分钟左右到达机场，票价3欧元
出租车	Taxi	6:00～22:00起步价3.6欧元，22:00至凌晨6:00及其他非工作时间起步价4.6欧元，周末及节日晚间会加价20%左右	乘坐出租车车费20～30欧元，30分钟左右可以抵达

亲子行程百搭

格拉纳达百搭

　　格拉纳达市中心及周边的景点很多，足够让一家人游玩两三天时间，想要文艺气息点的可以按照文化之旅路线游玩，喜欢休闲点的可以按照公园路线游览，喜欢自由点的也可以将这些路线随意搭配。要注意途中休息一下，学会享受旅行带来的乐趣。

文化之旅

乘坐出租车走Camino Viejo del Fargue和Camino del Sacromonte驶入Plaza del Salvador即可到达

❶ 萨尔瓦多教堂 〔1.5小时〕

Iglesia del Salvador

⌄ 乘坐31、32路公交车都有从新广场（Plaza Nueva）到阿尔拜辛的环形路线即可到达

❷ 圣尼古拉斯眺望台 〔2小时〕

Mirador San Nicolás

⌄ 乘坐公交车30、32路在Pabelónce Entrada、卡贝沙塔Torre de la Cabezas站下车可以到达

❸ 纳塞瑞斯皇宫 〔2小时〕

Palacios Nazaries

⌄ 乘坐出租车走Cuesta del Chapiz和Cuesta de Alhacaba驶入Calle Gran Vía de Colón，继续沿Calle Gran Vía ce Colón行驶。开往Calle Reyes Católicos即可

❹ 毕巴兰布拉广场 〔1.5小时〕

Plaza Bib–Rambla

公园之旅

乘坐30路、32路公交车可以到达

❶ 阿尔罕布拉宫 〔2小时〕

Alhambra Palace

⌄ 乘坐30路、32路公交车在Avenida del Generalife站下即可到达

❷ 赫内拉里菲宫 〔1.5小时〕

El Generalife

⌄ 乘坐出租车从Calle Joaquín Costa向东南行驶，到Calle Almireceros在第2个交叉路口向右转，进入Calle Reyes Católicos，继续前行，上Calle Neptuno向右转，进入Calle Arabial即可

❸ 费德里科·加西亚·洛尔迦公园 〔2小时〕

Federico Garcia Lorca Park

⌄ 乘坐1路、5路公交车在C/Carretera de Armilla站下

❹ 科学公园 〔2小时〕

Parque de las Ciencias

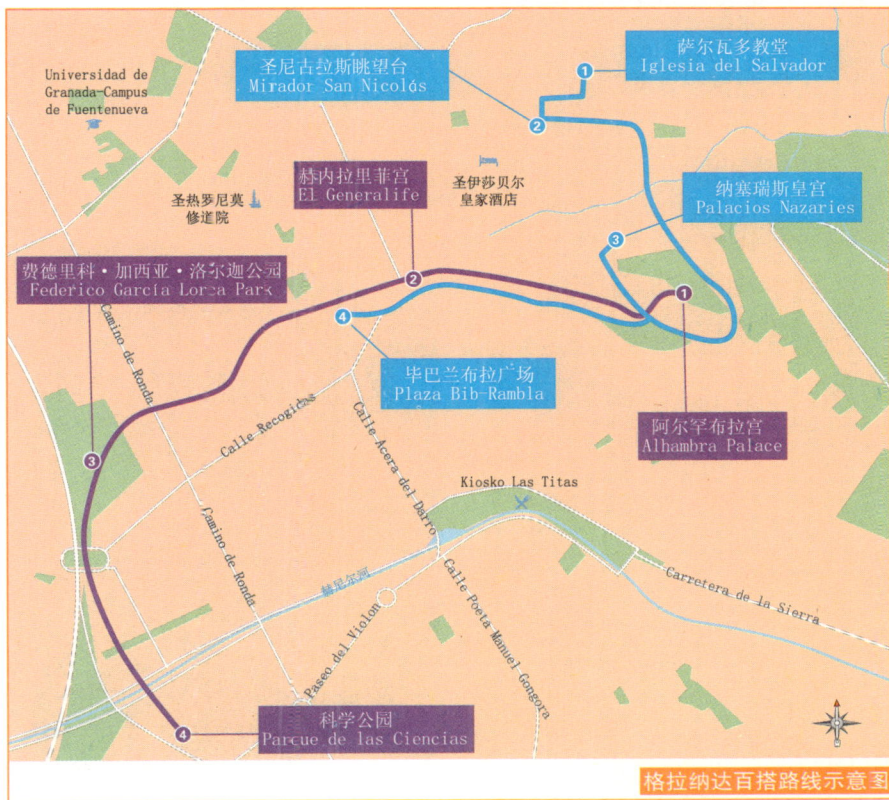

格拉纳达百搭路线示意图

亮点

1. 阿尔罕布拉宫：漫步灵气四溢的庭院
2. 科学公园：参与各种科学实验
3. 圣尼古拉斯眺望台：置身于风景明信片中
4. 赫内拉里菲宫：远眺阿尔拜辛区的白色民居
5. 费德里科·加西亚·洛尔迦公园：了解当地人的生活
6. 内华达山脉公园：享受迎风驰骋的快感

阿尔罕布拉宫

阿尔罕布拉宫（Alhambra Palace）的名字来自于阿拉伯语，是"红堡"的意思，它位于格拉纳达城外的内华达山上，有"宫殿之城"和"世界奇迹"之称，于1984年被选入联合国教科文组织世界文化遗产名录之中。在阿尔罕布拉宫中，有4个主要的中庭，分别是桃金娘中庭、狮庭、达拉哈中庭和雷哈中庭。你可以和孩子漫步灵气四溢的庭院，看百花争奇斗艳，聆听耳畔泉水叮咚，或者沿着螺旋状阶梯往上来到守望台，这里是阿尔罕布拉宫的最高点，可以瞭望格拉纳达全景。

适合孩子年龄：8～12岁
游玩重点：漫步灵气四溢的庭院、在守望台瞭望格拉纳达全景

亲子旅行资讯

- ✉ Calle Real de la Alhambra, s/n, 18009 Granada
- 🚌 乘坐30路、32路公交车可以到达，站点分别是凉亭入口 Pabellón de Entrada、卡贝沙塔Torre de la Cabezas
- 🌐 www.alhambra–patronato.es
- 💰 成人日票14欧元，夜票（纳塞瑞斯皇宫）8欧元，夜票（轩尼洛里菲花园）5欧元，参观花园7欧元
- 📅 3月15日～10月14日，日间周一至周日8:30～20:00，夜间周二至周六22:00～23:30；10月15日至次年3月14日，日间周一至周日8:30～18:00，夜间周五、周六20:00～21:30。圣诞节和元旦节关闭
- ☎ 095-8027971

1.阿尔罕布拉宫对每天参观的人数有所限制，可以提前两个月在官网上购买门票，或者可以提早到达购票。所有提前订票都需要收取门票10%的手续费。

2.如果现场购票，须按照票上指定时间进入参观。如9:00购票，14:00才能入场，何时安排参观视当天参观人数定。

3.在网上订票或电话订票的游客，可以去La Caixa银行取票，也可以在市中心的阿尔罕布拉宫的商店取票，同时也可以在参观入口处换票，取票换票时，需要提供付款时所用的信用卡。

赫内拉里菲宫

赫内拉里菲宫（El Generalife）是纳萨尔国王避暑的夏宫，建于14世纪，赫内拉里菲是"看尽一切的乐园"的意思。赫内拉利菲宫包括水渠庭院，有长长的水池，两侧有花坛、喷泉、柱廊、凉亭以及苏丹花园。苏丹花园被认为是维护最好的安达卢斯式中世纪花园，花园层层环绕于夏宫周围，高低错落，喷泉与水池点缀其间，即使再炎热的夏天来到这里也会暑意尽消。你和孩子可以登上塔楼，远眺阿尔拜辛区的白色民居。

适合孩子年龄： 6～12岁
游玩重点： 参观植物园、动物园等

亲子旅行资讯

✉ Realejo–San Matias, 18009 Granada
🚌 乘坐30路、32路公交车在Avenida del Generalife站下
🌐 www.alhambra-patronato.es
💰 免费
🕐 11～2月8:30～18:00；3～10月8:30～20:00；1月1日和12月25日闭馆
☎ 095-8027971

科学公园

科学公园（Parque de las Ciencias）是一座互动式的科技博物馆，公园中的建筑也颇有科幻色彩。游客可以亲自参与各种科学实验，各种光学、声学、天文学、动植物学的实验设备和电脑、摄像机等都可以亲手操作。科学公园里面的所有互动设备非常好玩，还有很多主题的展览，内容非常丰富，在这里可以耗上一整天。如果孩子喜欢科学馆，那一定要带他来这里看看。

适合孩子年龄： 6～12岁
游玩重点： 亲自参与各种科学实验、观看主题展览

亲子旅行资讯

- ✉ Av de la Ciencia, 18006 Granada
- 🚌 乘坐1、5路公交车在C/Carretera de Armilla站下
- www.parqueciencias.com
- 💰 博物馆4.5欧元，持格拉纳达城市通行证免费
- 🕐 周二至周六10:00～19:00，周日和公众假期10:00～15:00；周一、1月1日、5月1日、12月24、25日、9月15～30日闭馆
- ☎ 095-8131900

费德里科·加西亚·洛尔迦公园

费德里科·加西亚·洛尔迦是格拉纳达的世界知名诗人与戏曲家，这座公园（Federico Garcia Lorca Park）就是以他的名字命名的，公园内有昔日其家族居住的圣文森别墅。这里有宽阔的通道和舒适宽敞的露天场所，是了解当地人生活的好地方。夏天可以和孩子来这里徒步、骑车、野餐、打网球等，冬天则可以来这里滑雪、滑冰等。

适合孩子年龄： 8～12岁
游玩重点： 徒步、骑车、野餐、打网球

亲子旅行资讯

- ✉ Calle Arabial, 18004 Granada

圣尼古拉斯眺望台

适合孩子年龄： 8～12岁
游玩重点： 可以俯瞰格拉纳达全景

圣尼古拉斯眺望台（Mirador San Nicolás）位于格拉纳达最古老的城区阿尔巴辛区，原先是摩尔人最早所建的堡垒。在圣尼古拉斯眺望台可以俯瞰格拉纳达全景，当夕阳西下时的余晖照耀全城时，站在圣尼古拉斯眺望台的你仿佛置身于风景明信片中。最好是一家人前往，背景是远处的雪山和阿拉罕布拉宫，近处有教堂和十字架，还能欣赏到西班牙艺人的弹唱，绝对没有比这更优美、和谐的画面了。

亲子旅行资讯

- ✉ Callejón Atarazana, 4, 18010 Granada
- 🚌 乘坐31、32路公交车可达
- 💰 免费

内华达山脉国家公园

内华达山脉国家公园（Sierva Nevada Natio
nal Park）位于格拉纳达市以南，紧靠地中海的
太阳海岸。伊比利亚半岛的最高峰穆拉森峰也
在这个国家公园内，海拔3481米。内华达山脉
终年积雪，是欧洲最靠南的雪山。所以游客可
以一早到这里享受迎风驰骋的快感，然后驱
车1小时就可以享受地中海的阳光了。游人
可以徒步、骑马、骑山地车或驾驶四轮驱动
汽车游览内华达山脉国家公园。

亲子旅行资讯

✉ Sierra Nevada National Park,Granda
🌐 www.juntadeandalucia.es
☎ 090-2484802

格拉纳达其他景点推荐

中文名称	外文名称	地址	网址
格拉纳达大教堂	Granaca Cathedral	Calle Gran Via de Colon, 5, 18001 Granada	—
考古博物馆	Archaeological Museum of Granada	Carrera del Darro, 41, 18010 Granada	www.museosdeandalucia.es
卡洛斯五世宫	Palacio de Carlos V	Calle Real de la Alhambra, s/n, 18009 Granada	—
王室礼拜堂	Capilla Real	Calle Real de la Alhambra, s/n, 18009 Granada	www.alhambra-patronato.es
卡尔图哈修道院	Monasterio Cartuja	Calle Oficios, 1, 18001 Granada	www.capillarealgranada.com
圣海罗尼莫修道院	Monasterio Jeronimo	Calle Rector Lopez Argueta, 9, 18001 Granada	—
萨尔瓦多教堂	Iglesia del Salvador	Placeta del Abad, 7, 18010 Granada	—
毕巴兰布拉广场	Plaza Bib-Rambla	Plaza Bib-Rambla	—

阿尔罕布拉宫纳塞瑞斯皇宫

跟孩子吃什么

靠近地中海的格拉纳达也是安达卢西亚"地中海式饮食"的代表之一，周边地区新鲜而丰富的农产品和海鲜保证了食物的美味，大量橄榄油的运用使得饮食更加健康。推荐炸鲜凤尾鱼，油煎鱼、炖肉等。而且格拉纳达有一种无论是做法还是味道都酷似油条的早餐食品吉拿（Churros），但当地人是蘸巧克力吃的，不妨和孩子尝试一下。如果孩子喜欢吃甜点，可以跟孩子吃海绵蛋糕、甜南瓜、野黑莓苹果派、蜂蜜吐司、奶酪蛋糕等甜点。

格拉纳达的特色美食

格拉纳达的菜肴带有浓厚的阿拉伯特色，特别体现在香料的大量运用和丰富多彩的甜食上。格拉纳达最著名的甜点是海绵蛋糕（Pionono），这是位于郊区的圣达菲的名产。此外甜南瓜、野黑莓苹果派、蜂蜜吐司、奶酪蛋糕也非常受欢迎。酷似油条的早餐食品吉拿，你不妨去尝尝。伊比利亚火腿丰润肥美，入口即化，也是不可错过的美食。

孩子最喜欢的餐厅

新广场和伊莎贝尔广场周围有不少餐馆都能品尝地道的格拉纳达美食，10欧元可以吃到不错的套餐，15欧元就能吃得很丰盛。大部分的酒吧里点一杯1.5欧元的饮料都附送一份开胃小食（Tapas），多走几家，既是了解当地人生活的好机会，又能吃得花样繁多。在阿尔拜辛区有很多格拉纳达当地风味的餐馆、北非小吃店和甜点店，带孩子的潮爸潮妈不要错过哦！

●La Cueva de 1900

这是一家连锁店，店堂的天花板上密密地悬挂着火腿。店内主要有海鲜饭、火腿Tapas等当地特色的美食。全部食材都很新鲜，分量还足，双人套餐超值，值得品尝。

■ 地址：Calle Reyes Católicos, 42, 18009 Granada ■ 网址：www.lacuevade1900.es ■ 电话：095-3229327

187

●Restaurant Chikito

这是格拉纳达历史最悠久的餐馆之一，很受当地人的欢迎，当年著名西班牙作家洛尔卡也经常光顾。这里的特色菜是蜗牛和炖牛尾，羊腿也很入味，建议提前预约。

■ 地址：Plaza del Campillo, 9, 18009 Granada　■ 网址：www.restaurantechikito.com
■ 开放时间：周四至次周二　■ 电话：095-8223364

●Los Italianos

这是一家主打冰激凌和酸奶的小店。味道不错，品质有保证。有多种口味可供选择。开心果口味和覆盆子口味尤其美味。

■ 地址：Calle Gran Vía de Colón, 4, 18001 Granada　■ 电话：095-8224034

●Pilar del Toro

这家餐厅在一座很古老的建筑中，里面有漂亮的庭院。二层才是餐厅，里面有各种西班牙风味美食，有很优惠的套餐。整个建筑中都飘荡着动听的阿拉伯音乐，不吃饭，只在这里逛逛也是一种享受。

■ 地址：Calle Hospital de Santa Ana, 12, 18009 Granada　■ 网址：www.pilardeltoro.es　■ 电话：095-8225470

格拉纳达其他餐厅推荐

餐厅	介绍	地址	电话
Arrayanes	城里最好的摩洛哥风味饮食，周末有舞蹈表演	Cuesta de Marañas, 4, 18010 Granada	095-8228401
Gran Café Bib-Rambla	这是一家百年油条店，早饭供应油条、巧克力、吐司等美食，也有午市和晚市	Plaza de Bib-Rambla, 3, 18001 Granada	095-8256820
Mirador de Morayma	这是一家主营西班牙菜的餐厅，环境非常好，隐没在绿树丛中，菜单精美	Calle Pianista García Carrillo, 2, 18010 Granada	095-8228290
La Oliva	老板兼主厨每天根据市场上新鲜的食材烹制晚餐，老板会带领客人体验3个小时的安达卢西亚美食，晚餐含多道菜以及配餐的酒	Calle del Rosario, 9, 18009 Granada	095-8225754
Los Diamantes	这家当地餐厅的小吃很美味，Tapas、炸鱼尤其受推荐，价格实惠	Calle Navas, 28, 18009 Granada	095-8227070
Kasbah	可以选择多种茶、咖啡和美味小吃，是游览之余休闲小憩的理想地点	Calle de la Calderería Nueva, 4, 18010 Granada	095-8227936
Restaurante Bar León	这是一家不大的餐厅，位于新广场附近，有着独特的安达卢西亚的装饰风格	Calle Pan, 1, 18010 Granada	095-8225143

和孩子住哪里

格拉纳达的住宿费用没有马德里等大城市高，对于带孩子的游客来说，你可以住在市中心，去各个景点游玩都比较方便。一般来说，酒店的标准间是几十欧元到上百欧元不等，青年旅舍的床位是十几欧元到二十几欧元不等。在新广场一带可以找到不少经济实惠的旅店，设施不算豪华，但也不错，而且离新广场近，可以在这里坐车去阿尔罕布拉宫、阿尔拜辛区等最热门的景点。

● 内华达哈欣纳西诺里欧酒店

内华达哈欣纳西诺里欧酒店（Hacienda Senorio de Nevada）位于格拉纳达的黄金地段，毗邻市区内的各大主要景点。酒店提供旅游服务、接送服务、礼宾接待服务、自行车出租服务。酒店专门为住客准备了儿童娱乐室、花园、室外游泳池等。客房内必需品一应俱全，部分客房还配有淋浴设施、空调、浴缸、液晶电视等，保证你住得舒适。

■ 地址：Ctra. de Cónchar, s/n, 18659 Villamena, Granada ■ 网址：www.senoriodenevada.es ■ 电话：095-8777092

● Hotel Los Cerezos

Hotel Los Cerezos酒店能为你提供住宿期间的一切必需品。住客们可随意使用BBQ烧烤设施。酒店提供报纸、24小时前台、快速入住、退房登记等服务。客房装饰精美，部分还内设电视、迷你吧、浴缸、阳台/露台、空调等。为了让游客体验更完美的住宿体验，酒店提供了多种休闲活动，例如骑马、滑雪等。

■ 地址：Avenida Libertad s/n, 18193 Monachil, Granada ■ 网址：www.loscerezos.com ■ 电话：095-8300004

● 修女卡门酒店

修女卡门酒店（Monjas del Camen）位于市中心区，地理位置便捷。住宅可享受酒店提供的旅游服务、礼宾接待服务、无线网络（公共区域）、自行车出租服务，所有房间设有免费无线网络等设施。部分客房内设有电视、隔音设施、房内保险箱、禁烟房、LAN宽带上网。

■ 地址：Plaza Cuchileros, 13, 18010 Granada ■ 网址：www.hotelmonjasdelcarmen.com ■ 电话：095-8101619

●邦博贵族乡村别墅

　　邦博贵族乡村别墅（Casa Bombo Mansion）位于格拉纳达阿尔拜辛区，别墅内有非常适合带孩子入住的家庭房。别墅提供旅游和洗衣服务。客房舒适温馨，部分客房内设共用卫浴间、淋浴设施、阳台/露台、浴缸等设施。为了让游客体验更完美的住宿体验，别墅提供了多种休闲设施，例如室外游泳池等。

■ 地址：Calle Algibe de Trillo, 22, 18010 Granada
■ 网址：www.casabombo.com　■ 电话：095-8290635

●Hotel Inglaterra酒店

　　Hotel Inglaterra酒店内设施齐全，可为住客提供舒适的住宿条件。酒店提供酒店机场接送、洗衣服务、礼宾接待服务。客房舒适温馨，部分客房内设迷你吧、空调、禁烟房、电视、卫星频道/有线电视等设施。3～11岁儿童在不加床的情况下可免费入住。

■ 地址：Calle Cetti Meriem, 6, 18010 Granada　■ 网址：www.hotelinglaterragranada.com　■ 电话：095-8221559

格拉纳达其他住宿地推荐

中文名称	外文名称	地址	网址	电话	费用
西多梅格兰纳多酒店	Hostelling International New York	Calle de Luis Buñuel, s/n, 18197 Pulianas, Granada	www.sidorme.com	095-8185257	约57欧元起
费拉德尔菲亚酒店	Hotel Philadelfia	C/ Loja, Parc. 122, 18220 Albolote, Granada	www.hotelphiladelfia.com	095-8430344	约69欧元起
洛斯格莱勒斯酒店	Los Galanes	Av Fernando de los Rios, 32, 18100 Armilla, Granada	www.hotellosgalanes.com	095-8550508	约69欧元起
莫利诺斯酒店	Molinos Hotel	Calle Molinos, 12, 18009 Granada	www.hotelmolinos.es	095-8227367	约95欧元起
阿巴迪亚酒店	Abadia Hotel	Calle Triana Baja, 7, 18001 Granada	www.abadiahotel.com	095-8271979	约128欧元起
格拉纳达五味套房旅馆	Granada Five Senses Rooms & Suites	Calle Gran Vía de Colón, 25, 18001 Granada	www.maciahoteles.com	095-8285464	约146欧元起

给孩子买什么

格拉纳达不仅有众多摩尔文化留下的遗迹，民俗工艺品也保留着很多摩尔时代的特色。当地特有的手工绘制陶器Ceramica Granadina、镶嵌工艺制作的木器、手工打制的银器等，都有鲜明的阿拉伯风格，不妨购买一些。在格拉纳达购物时，可以考虑购买一些有阿拉伯风格的毯子、围巾之类的饰品作为纪念品，也可以购买特色手工艺品。

不可错过的购物地

Puerta Real地区及周边是格拉纳达的主要商业区。这个区域的El Corte Inglés是西班牙的一个主要的连锁百货商店。在通往格拉纳达大教堂周边的小路上有很多手工艺品店，售卖各种阿拉伯美食和工艺品，值得慢慢逛逛。这些商店大多不午休，周日也照常营业，对旅游者来说很方便。

在格拉纳达买东西的时候需要注意当地的午休时间。13:00～17:00都有可能是午睡时间。午睡时间内，除了大型商场和连锁商店外，其他很多地方都不营业。还需要注意，周日的时候，很少有商家营业。

El Corte Inglés购物中心

这家购物中心商品种类繁多，有各类日常商品、服装、鞋子等。尤其是有需要买明信片或者特色食品回国需求的，这个超市绝对是第一选择。在El Corte Inglés里购物，游客可凭护照在游客咨询台领取一张打折卡，购买商品的时候可以打九折，但是某些专柜除外，如longchamp等。

■ 地址：Centro Comercial Genil, Carrera de la Virgen, 20-22, 18005 Granada
■ 网址：www.elcorteingles.es　■ 电话：095-8223240

191

穆尼拉皮具

穆尼拉皮具（Munira Leather）有30多年的历史，这是一家自己设计和制作皮具的店，其创始人得到最后一位格拉纳达手工艺大师的传授，使用传统的皮革压花和染色等技术，做出的皮具柔软鲜亮。皮制的小首饰约 10～20 欧元，小钱包的价格约 30 欧元。

■ 地址：Plaza Nueva, 15, 18009 Granada　■ 交通：乘坐1、3、4、6、7、33等路公交车在Gran Ⅴⅰa下车即可到达　■ 网址：www.munira.net　■ 营业时间：8:00～22:00　■ 电话：095-8221939

Fajalauza

这家店是专卖陶瓷器的店铺。在格拉纳达，或者说在安达卢西亚地区，漂亮的盘子不是用来吃饭的，而是挂在墙上的。格拉纳达特色的陶瓷器，大致分两种，一种类似我们的青花瓷，有鲜艳的蓝色。另一种是摩尔特色的（称为Nazarⅰ），上面画着多种颜色的几何图案。

■ 地址：Carretera de Murcia, 15, 18010 Granada　■ 网址：www.fajalauza.com　■ 营业时间：9:00～22:00　■ 电话：095-8281391

Tienda De La Alhambra

这家纪念品店为喜爱阿尔罕布拉宫的游客准备了很多优质的礼品，包括了适合放在咖啡桌上的书籍、儿童艺术画册、手绘的扇子和艺术化的文具。游客也可以在一个巨大的电子数据库中选择自己喜欢的照片打印出来，打印费用14欧元起。

■ 地址：Calle Reyes Católicos, 40, 18009 Granada　■ 交通：乘坐30、32路公交车到阿尔罕布拉宫，步行前往　■ 营业时间：9:00～22:00　■ 电话：095-8227784

格拉纳达其他购物地信息			
名称	简介	地址	电话
Alcaiceria市集	这个市集店铺林立，出售各种西班牙旅游纪念品，如弗拉门戈舞衣等	Calle Alcaiceria, 1, 18001 Granada	095-8215552
Calle Caldereria Nueva	这里出售各种西班牙纪念品，包括拖鞋、水烟袋、北美陶器等	Calle de la Calderería Nueva, Granada	—
Laguna Taller de Taracea	在这里不仅能买到精美的产品，还能看到工匠们是如何制作的	c/ Real de la Alhambra, 30,Granada	095-8229019
Casa Ferrer	这是一家吉他专卖店，同时也能看到艺术家们是如何制作吉他的	Cuesta de Gomérez, 26,Granada	095-8221832
Artespaña	这是一家手工坊，主要有印有浮雕花纹的皮革、吉他、黄铜手工艺品等出售	Calle Hernán Cortés, 49, 39003 Santander,Cantabria	094-2312201

在格拉纳达的出行

由于格拉纳达城市本身很小，乘坐公交车出行很方便，基本上最远不超过20分钟。除公交车外，还有3条旅游巴士线路。带孩子来格拉纳达旅行的父母，可以徒步或乘坐旅游巴士遍访这座城市的各个角落，亦可以租车游览。

公交车

格拉纳达城市不大，20多条公交线路覆盖了城市的每个角落，运营时间为6:00~0:00，其中夜车的运行时间为0:00~6:00，111和121路为夜班车。普通票单次1.2欧元，夜车票单次1.4欧元，除了普通票，格拉纳达的公交45分钟内免费转乘。值得注意的是，圣周等大型节庆活动期间，公交车会改变线路，千万别在站牌下浪费时间。

在格拉纳达可以购买交通卡（Credibus），单次0.72欧元，在任何市区公交车和烟草店（Estanco）都可以购买和充值5欧元、10欧元、20欧元的交通卡，交通卡押金为2欧元，离开格拉纳达时可退押金。也可以购买月卡（Bono Mensual），30天内41欧元，月票只能在市区公交车上购买。

旅游巴士

格拉纳达有3条旅游巴士线路，和很多当地的其他旅游服务设施一样，旅游巴士的线路也是以阿尔罕布拉宫为重点设计的。线路使用迷你巴士运营，起点都在新广场（Plaza Nueva），票价为1欧元，可以使用交通卡，持格拉纳达城市通行证免费。

出租车

格拉纳达的出租车为白色，主要景点附近都有出租车站，在路上遇到空车也可以招手停车。格拉纳达的出租车周一到周五白天每千米0.75欧元，周末和晚间每千米为0.95欧元，大件行李要加收费用。从机场乘坐出租车到阿尔罕布拉宫约25欧元。如果街上没有出租车，可以打电话给出租车电台叫车。叫车电话：095-8280654。不过，一般情况下，乘坐出租车并不是太有必要。

租车

在格拉纳达租车时需要提供驾驶证和护照，一般情况下，汽车租赁公司承认中国驾照的公证件。租车公司会根据车型等情况，对司机的驾龄和年龄有所限制，所以大家最好先在网上了解清楚各个公司的不同规定。另外，大多数租车公司需要网上预订。

在格拉纳达机场有Avis、Europcar、Goldcar Rental三家租车公司，其中Europcar租车公司在格拉纳达火车站也可以租车。

格拉纳达租车公司信息			
名称	地址	电话	网站
Avis	Carretera antigua de Málaga, 18329 Chauchina, Granada	090-2180854预约电话；090-2248824（客服电话）	www.avis.es
Goldcar Rental	Carretera antigua de Málaga, 18329 Chauchina, Granada	090-2119726	www.goldcar.es
Europcar	Carretera antigua de Málaga, 18329 Chauchina, Granada	090-2105030	www.europcar.com

观看让人叹为观止的
弗拉门戈舞

当大部分人被问及西班牙时，很可能第一反应就是弗拉门戈舞蹈表演，其与斗牛并称为西班牙两大国粹。在弗拉门戈舞蹈中，除了歌曲、吉他和响板的伴奏外，舞者时而配合节奏拍手，时而脚踩地加强韵律。随着音乐表现的变化，舞者的肢体表现也随之哀凄、欢愉，仿佛作着灵魂最深处的展现。

● 弗拉门戈舞前世今生

"弗拉门戈"一词源自阿拉伯文的"逃亡的农民"一词。它的起源众说纷纭，其中一个比较让大多数人接受的说法是吉普赛人从北印度出发，几经跋涉，来到西班牙南部，他们被称为"逃之的农民"。这种乐舞融合了印度、犹太、阿拉伯，乃至于拜占庭的元素，后来又注入西班牙南部的养分。而居住在西班牙安达卢西亚的吉普赛人（又称弗拉明戈人）则使其定型并扬名。

弗拉门戈舞原来是一种即兴舞蹈。男性舞者舞步比较复杂，用脚掌、脚尖、脚跟击地踏响，节奏明快；女性舞者舞步跟随传统，主要是显示手腕、手臂和躯干的文雅及优美。舞者在表演的过程中，伴随着率性而发的"哈列奥"（即拍手、捻指和激动的喊叫）当然，随着弗拉门戈舞的职业化，舞者的一招一式有了更严格的规定。

现代弗拉门戈舞分为Cante（歌）、Toque（琴）、Baile（舞）3部分，先有民歌，20世纪50年代为了迎合外国人的需要增加了舞蹈的部分。

195

●最优美的画面

在所有舞蹈中，弗拉门戈舞中的女子是最富诱惑力的。她不似芭蕾舞女主角那样纯洁端庄，不似国标舞中的女伴那样热情高贵。她的出场，往往是一个人的，耸肩抬头，眼神落寞。在大多数双人舞中，她和男主角也是忽远忽近，若即若离。当她真的舞起来的时候，表情依然冷漠甚至说得上痛苦，肢体动作却充满了热情，手中的响板追随着她的舞步铿锵点点，似乎在代她述说沧桑的内心往事，这难道不是一幅最优美的画面？

●在格拉纳达欣赏弗拉门戈舞表演

要欣赏最正宗的弗拉门戈舞表演，最好的地方是其发源地——安达卢西亚，尤以塞维利亚、格拉纳达等地的为最好。如果你和孩子来到格拉纳达那一定不要错过欣赏弗拉门戈舞表演。弗拉门戈舞厅的表演通常票价几十欧元，但也有一些酒吧有弗拉门戈舞表演，收费主要是酒水费。欣赏时如能随着音乐击掌或喊"欧嘞"则更容易融入弗拉门戈艺术氛围之中。

●欣赏弗拉门戈舞蹈表演时的配餐

表演现场的食物非常美味，有4道菜，每道菜都有4盘菜可以选择。食物是地道的西班牙风味，例如西班牙番茄冻汤（Gazpacho）、小扁豆、西班牙辣肠菜和焦糖布丁（Crema Catalana）。在表演前就开始上菜，欣赏表演时也会端上几盘菜。服务员友好且乐于助人，很明显受过训练，他们秘密穿行在餐桌和人群中，以避免影响大家欣赏表演的雅兴。

对孩子优惠的景点			
景点名称	**孩子玩点**	**优惠信息**	**地址**
阿尔罕布拉宫	漫步灵气四溢的庭院，看百花争奇斗艳，聆听耳畔泉水叮咚	成人日票14欧元，夜票（纳塞瑞斯皇宫）8欧元，夜票（轩尼洛里菲花园）5欧元，参观花园7欧元	Calle Real de la Alhambra, s/n, 18009 Granada
格拉纳达大教堂	参观教堂	5欧元，持格拉纳达城市通行证免费	Calle Gran Via de Colon, 5, 18001 Granada
赫内拉里菲宫	远眺阿尔拜辛区的白色民居	免费	Realejo–San Matias, 18009 Granada
王室礼拜堂	参观小型灵柩	3.5欧元，持格拉纳达城市通行证免费	Calle Oficios, 1, 18001 Granada
卡尔图哈修道院	看令人惊艳的装饰	5欧元	Paseo de Cartuja, s/n, 18009 Granada
科学公园	亲自参与各种科学实验	博物馆4.5欧元，Planetarium4.5欧元，持格拉纳达城市通行证免费	Av de la Ciencia, 18006 Granada
圣海罗尼莫修道院	欣赏修道院	1.8欧元	Calle Rector Lopez Argueta, 9, 18001 Granada
萨尔瓦多教堂	欣赏教堂	0.75欧元，持格拉纳达城市通行证免费	Placeta del Abad, 7, 18010 Granada
费德里科·加西亚·洛尔迦公园	徒步、滑雪等	免费	Calle Arabial, 18004 Granada
圣尼古拉斯眺望台	欣赏阿尔罕布拉宫	免费	Calle de la Atarazana Vieja, 1, 18010 Granada

最好的学习在路上

带孩子游西班牙

PART6

带孩子游
科尔多瓦

199 > 217

科尔多瓦是一个拥有无数文化遗产和古迹的城市，也是科尔多瓦省的首府。利尔多瓦有罗马和摩尔人遗迹，有8世纪时建造的清真寺，还有横跨瓜达尔基维尔河上的摩尔桥，可谓处处都是古迹。你如果在5月的庭院节期间来，一定要和孩子观赏美丽的百花巷，当然也别忘记品尝具有阿拉伯风味的点心。

带孩子怎么去

乘飞机到达科尔多瓦

科尔多瓦机场是地区性小机场，仅仅能容纳小型飞机起降，航班很少。再加上科尔多瓦处在AVE高速铁路线上，所以很少有游客会选择乘飞机前往。

一般来科尔多瓦游玩的人都会选择乘坐火车。科尔多瓦和马德里、巴塞罗那、塞维利亚之间都有AVE高速列车连接，交通很方便。科尔多瓦火车站在市区的北部，与长途汽车站是相连的，可以乘坐3路公交车到市中心。

其他城市到科尔多瓦的交通	
交通方式	**时间及票价**
科尔多瓦—马德里	AVE高速列车从8:03~22:28共19班，车程1小时50分钟，票价61.8欧元
	Altaria和TAlgo列车从9:09~22:48共7班，都集中在上午和晚上，车程2小时10分钟，票价48.4欧元
科尔多瓦—巴塞罗那	Garcia Lorca列车，运行时间10:00~20:51，票价55.4欧元。虽然要坐一天时间，但沿途风光还是非常美丽的
	2班AVE高速列车，运行时间分别为17:00~22:54和18:04~23:33，票价125.4欧元
	2班Trenhotel卧铺车，运行时间分别为22:36至次日8:06和22:52至次日9:27，票价91.5欧元，另加卧铺费
科尔多瓦—塞维利亚	8班AVANT列车，车程45分钟，票价14.4欧元；6班安达卢西亚特快，车程1小时20分钟，票价8.2欧元
科尔多瓦—格拉纳达	每天2班Altaria列车，运行时间分别为9:50~12:16和19:07~21:37，票价32欧元

从机场到科尔多瓦市

科尔多瓦机场距市中心只有6千米，乘车10分钟就可以到达。从该机场可乘坐机场巴士到达科尔多瓦市，周一至周五每天有15班机场巴士往返，运营时间6:30~22:30，周六、日班次会有所减少。

亲子行程百搭

科尔多瓦百搭

科尔多瓦市中心及周边的景点很多，足够让一家人游玩两三天时间，想要神秘点的可以按照探索之旅路线游玩，喜欢休闲点的可以按照漫步之旅路线游览，喜欢自由点的也可以将这些路线随意搭配。要注意途中休息一下，因为旅游注重的是过程而非结果。

探索之旅
乘坐19路公交车在Paseo de la Victoria下车可到达

❶ 基督教君主城堡 `2小时`
Alcázar de los Reyes Cristianos

▽ 从坦迪拉斯广场朝东北方向步行约15分钟可到

❷ 皮亚纳宫殿 `1.5小时`
Palacio de Viana

▽ 乘出租车走Calle Escritor Castilla Agua和Av. Menéndez Pidal驶入Córdoba的Av. del Corregidor/A-431然后走Calle Alfonso XII和Calle Ronda de Andújar驶入Calle d St Isabel即可

❸ 动物园和野生动物中心 `2小时`
Parque Zoologico

▽ 乘出租车走Calle d St Isabel和Calle Mayor de Sta Marina驶入Av. de las Ollerías向左转，进入Av. de las Ollerías向左转，继续沿Plaza de Colón前行驶入Calle Judíos即可

❹ 赛法拉德房屋 `1.5小时`
Casa de Sefarad

漫步之旅
乘坐3路、7路公交车在San Fernando下车后步行可到达

❶ 百花巷 `1.5小时`
Calleja de las Flores

▽ 科尔多瓦达从清真寺向南跨过罗马大桥(Puente Romano)步行约5分钟可到

❷ 卡拉欧拉之塔 `1.5小时`
Torre Calahorra

▽ 乘出租车从Periodista Alberto Almansa向东南行驶，向Av. Fray Albino继续前行，上Calle Acera del Arrecife从环岛的1出口上Av. de Cádiz向右转，进入Av. Fray Albino即可

❸ 索托斯公园 `2小时`
Sotos Park

▽ 从科尔多瓦达清真寺向西步行约200米可到

❹ 斗牛博物馆 `2小时`
Museo Municipal Taurino

动物园和野生动物中心
Parque Zoologico ③

Av de America

Cordoba

Palacio
de Viana 🏛

Templo Romano 🏛

N-IVa

百花巷
Calleja de las Flores

Juan Carlos I Park

Hostal Lineros 38 🏛

赛法拉德房屋
Casa de Sefarad ④

Roberto Martin 🏛

斗牛博物馆
Museo Municipal Taurino ④

索托斯公园
Sotos Park ②

瓜达尔基维尔河

基督教君主城堡
Alcázar de los Reyes Cristianos ①

③

卡拉欧拉之塔
Torre Calahorra

Parque Cruz Conde

Estadio el
Arcangel 🏟

②

皮亚纳宫殿
Palacio de Viana

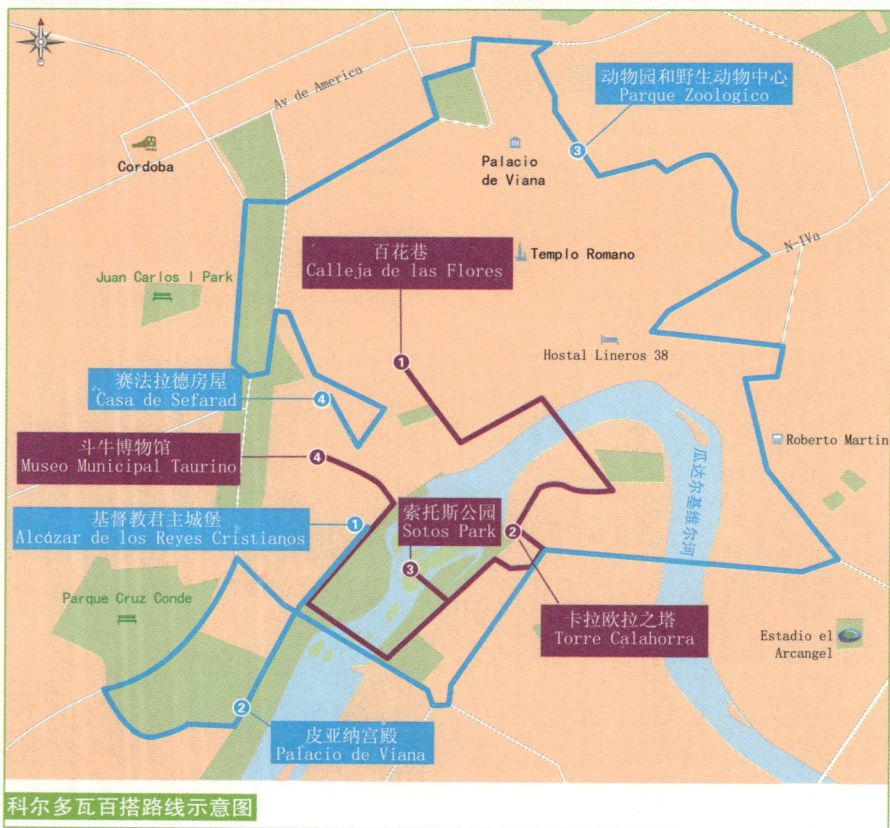

科尔多瓦百搭路线示意图

202

亮点

1. 百花巷：参加庭院节
2. 古罗马桥：在夕阳下欣赏古罗马桥风景
3. 阿卡扎堡：漫步于城墙环绕中的古典庭院中
4. 斗牛博物馆：想象着斗牛士和牛进行生死搏斗的场景
5. 赛法拉德房屋：观看现场音乐独奏及讲故事等节目
6. 科尔多瓦王宫：参观美丽的花园

百花巷

百花巷（Calleja de las Flores）位于科尔多瓦大清真寺附近的犹太区，是科尔多瓦非常典型的安静小巷。在这狭窄、曲折的小巷中墙上挂着花，窗台摆着花，连路上都弥漫着花香，最常见的是鲜红的天竺葵，颇有安达卢西亚的浓郁风格。这里每年5月会举办庭院节，爱花的科尔多瓦人拿出已经精心培育了一年，甚至多年的鲜花绿植，装饰在院落的各个角落，期待在庭院比赛中获得好成绩，同时也敞开自家大门，同街坊四邻和游客一起分享这份美。如果你和孩子都喜欢花，那一定不要错过百花巷。

适合孩子年龄：6～12岁
游玩重点：欣赏鲜花

亲子旅行资讯

✉ Calleja de las Flores, 14003 Cordoba
🚌 乘坐3、7路公交车在San Fernando站下车后步行可达
💲 免费

古罗马桥

仍在使用的古罗马桥（Puente Romano）最早建于古罗马时代，在摩尔时代扩建为现在的规模。大桥以巨石建造，有17孔桥洞，桥面又平又直，桥身两侧均匀分布着半圆形平台，可以供步行的游客凭栏观赏两岸美景。它的北端是科尔多瓦大清真寺以及古老的城区，南端连着安达卢西亚博物馆。夕阳下古罗马桥是科尔多瓦最美丽的景色之一，站在桥的南端，对岸的清真寺和古朴的大桥相映生辉。你可以和孩子看桥下流水，还能看到艺人在桥上表演，非常惬意。

适合孩子年龄：7～12岁
游玩重点：夕阳下欣赏古罗马桥

📧 Ronda de Isasa, 14003 Cordoba
🚌 位于大清真寺附近，步行即到
☎ 095-7201774

亲子旅行资讯

阿卡扎堡

适合孩子年龄：6～12岁
游玩重点：在古典庭院漫步

阿卡扎堡（Alcazar of Monarchs）是位于瓜达尔基淮尔河北畔的一座大气恢宏的建筑，它是14世纪初时，在基督教国王阿方索11世的授意下，于伊斯兰国王的宫殿遗址上重建的哥特式城堡。城堡中最值得参观的是一组古罗马时代的马赛克镶嵌画，以及阿拉伯时代的皇家浴室。你和孩子漫步于城墙环绕中的古典庭院中，可以看到橘树、柏树和花卉搭配出四季芬芳的园林小景，一定会感到心旷神怡。

亲子旅行资讯

📧 Plaza Campo Santo de los Mártires, s/n, 14004 Córdoba
🚌 由大清真寺向西步行约10分钟可到
🌐 www.alcazardelosreyescristianos.cordoba.es
💶 6.5欧元
🕐 周二至周五8:30～19:30；周六9:30～6:30；周日及节假日9:30～14:30。周一及元旦、圣诞节闭馆
☎ 095-7420151

斗牛博物馆

斗牛博物馆（Museo Municipal Taurino）位于旧犹太人街的城墙边，物馆内展示着科尔多瓦历史上著名的斗牛士的遗物，包括华美的斗牛服装，还有用斗牛场上被杀死的斗牛的头制作的标本。博物馆有一间展室专门纪念斗牛大师马诺雷特，陈列着他的墓碑的复制品，以及曾经冲撞过他的斗牛的皮毛。你可以和孩子在博物馆中欣赏到斗牛士们在斗牛时使用过的武器以及穿戴的服饰，想象着斗牛士和牛进行生死搏斗的场景。

亲子旅行资讯

- ✉ Plaza De Maimonides, 0 S/N, 14004 Cordova
- 🚌 从大清真寺向西步行约200米可到
- 💰 3欧元，周五免费
- 🎫 周一休馆；10月至次年4月10:00~14:00, 16:30~18:30；5月~6月、9月~10月10:00~14:00, 17:30~19:30；7月～8月8:30~14:30；周日及节假日9:30~14:30
- ☎ 095-7201056

科尔多瓦王宫

科尔多瓦王宫（Alcázar de los Reyes Cristianos）实际上是一座城堡，哈里发和国王都曾在这里居住。费尔南多三世在这里筹划对格拉纳达的最后一击，哥伦布也在这里晋见天主教双王寻求支持。王宫整体为一座四方形的院落，四周高墙和塔楼显得坚不可摧，但高墙外是美丽的花园，每年庭院节这里都是热门的游玩地点。你可以带孩子参观美丽的花园，花园里不仅有各种喷水池的设置，还有大量热带植物和孔雀，晚上还会有喷泉灯火表演。

亲子旅行资讯

- ✉ Calle de las Caballerizas Reales, 14004 Cordoba
- 🚌 乘坐19路公交车在Paseo de la Victoria站下可到达
- 🌐 www.cordoba.es
- 💰 成人4欧元，学生、老人2欧元；周五免费
- 🎫 周一闭馆；5～5月、9～10月中旬10:00~14:00, 17:30~19:30；7月~8月8:30~14:30；10月至次年4月10:00~14:00, 16:30~18:30；周日及节假日9:30~14:30
- ☎ 095-7420151

皮亚纳宫殿

适合孩子年龄：8～12岁
游玩重点：观看刀剑，瓷器等物品

皮亚纳宫殿（Palacio de Viana）位于科尔多瓦市中心以东，曾经是皮亚纳侯爵的宅邸，以错落其间的12个天井和庭院闻名。1981年起，宫殿以博物馆的形式对外开放，因为宫殿数次获得科尔多瓦著名的庭院节大奖，因此也有"庭院美术馆"的别称。走入其间，你可以看到这里收藏着16～18世纪的艺术品、刀剑、瓷砖等器物，还能看到庭院中遍植橘树、柏树和千姿百态的花草。宫殿内有不少根据西班牙著名画家戈雅的画作为原型制作的织锦画。

亲子旅行资讯
✉ Plaza de Don Gomes, 2, 14001 Cordoba
🚌 从坦迪拉斯广场朝东北方向步行约15分钟可到
🌐 www.palaciodeviana.org
💰 成人8欧元，12岁以下儿童免费
📅 周二至周五10:00~19:00；周六、周日10:00~15:00；周一闭馆
☎ 095-7496741

赛法拉德房屋

适合孩子年龄：9～12岁
游玩重点：观看现场音乐独奏及讲故事等节目

这个小巧的博物馆于2008年开始向游客开放，旨在使人对西班牙犹太人的传统重新产生兴趣，博物馆展示的重点是那时的音乐、当地传统及女性知识分子——安达卢斯诗人、歌唱家及思想家。这里还有关于西班牙系犹太人历史的专业图书馆以及物品齐全的商店。你和孩子在这里能安达卢西亚的一些艺术家，还能看到现场音乐独奏及讲故事等节目。

亲子旅行资讯
✉ Calle de los Judios, 17, 14004 Cor doba
🚌 乘坐3、12路公交车在Doctor Flerning站下
🌐 www.casadesefarad.es
💰 成人4欧元
📅 周一至周六10:00~18:00，周日11:00~14:00
☎ 095-7421404

动物园和野生动物中心

适合孩子年龄： 6~12岁
游玩重点： 观看各种动物

动物园和野生动物中心（Parque Zoologico）位于市中心西南部，这里是孩子们的乐园，历史悠久的建筑全部变成了色彩艳丽的攀爬设施。动物园内林木青碧，空气新鲜，环境清凉优美，湖面广阔，在动物园除了可以看到很多可爱的小动物外，你还可以玩各种攀爬游戏。这里总是人山人海，如果孩子喜欢小动物那就带他来这里玩耍吧！

亲子旅行资讯

✉ Av de Linneo, 14004 Cordoba
🚌 乘坐2路公交车在Menende2 Pidal站下
🌐 www.ayuncordoba.es
💶 成人4欧元，老人和儿童2欧元
🗓 周一闭馆；4月~5月、9月~10月10:00~19:00，6月~8月10:00~20:00，11月至次年3月10:00~18:00
☎ 095-7421741

科尔多瓦其他景点推荐

中文名称	外文名称	地址	网址
科尔多瓦大清真寺	Mezquita-Catedral	Calle del Cardenal Herrero, 1, 14003 Cordoba	www.mezquitadecordoba.org
旧犹太人街	La Juderia	La Juderia	—
犹太教堂	Sinagoga de Cordoba	Calle de los Judios, 20, Cordoba	www.turismodecordoba.org
梅迪纳亚萨拉遗迹	Madinat Al-Zarra	Carretera Palma del Río, km 5,5, 14005 Cordoba	www.museosdeandalucia.es
小马客栈	Posada del Potro	Posada del Potro, Cordoba	—
卡拉欧拉之塔	Torre Calahorra	Puente Romano, 14009 Cordoba	www.torrecalahorra.com
小马广场	Plaza del Potro	Plaza del Potro, Cordoba	—
胡里奥·梅德罗·德多雷斯博物馆	Museo Julio Romero De Torres	Plaza del Potro, 1, 14002 Cordoba	www.museojulioromero.cordoba.es
考古博物馆	Museo Arqueologico	Plaza de Jeronimo Paez, 2, 14003 Cordoba	www.museosdeandalucia.es
科尔多瓦美术馆	Museo de Bellas Artes de Cordoba	Plaza del Potro, 1, 14002 Cordoba	www.juntadeandalucia.es
麦地那-阿沙哈拉宫	Medina Azahara	Ctra de Palma del Rio, Km 5	www.juntadeandalucia.es
坦蒂里亚斯广场	Plaza de las Tendillas	Plaza de las Tendillas, Cordoba	—
安达卢斯博物馆	Museo de Al-Andalus	Bajada del Puente, 2, Corboba	—

跟孩子吃什么

科尔多瓦作为一个历史悠久的城市，这里的美食也是丰富多彩的。你可以和孩子去品尝枸橼松饼，它还有个可爱的名字叫"天使的头发"，这主要是它丝细丝多的特点，一口咬下去，绵绵的丝在嘴里融化。你也可以带孩子尝尝当地最著名的菜肴——科尔多瓦蔬菜凉汤。当你和孩子穿梭于科尔多瓦的街头巷陌时，如果正好到了用餐时间，可别忘了找家合口味的餐厅，品尝一下科尔多瓦出品的料理哦，因为佳肴是治愈疲劳的最佳秘方。

科尔多瓦的特色美食

科尔多瓦历史悠久，这里的美食具有典型的古罗马以及阿拉伯风味。古罗马人带来的橄榄油长盛不衰，几乎适用于任何食品；而阿拉伯人的影响体现在酸甜的口味方面，例如当地人最喜欢的小吃——腌渍银鱼。

科尔多瓦的点心也很有阿拉伯风味，以甜点心为主，大量使用干果和果仁。甜点以枸橼松饼为代表很受孩子们欢迎。最著名的当地菜肴是科尔多瓦蔬菜凉汤（Salmorejo），它是用西班牙凉菜汤、番茄、鸡蛋、火腿、茄子、蚕豆和奶酪搅拌而成，蘸面包吃别有风味。

孩子最喜欢的餐厅

科尔多瓦的林地出产上好的牛肉和猪肉，肥沃的河谷则种植着味道甜美的蔬菜，厨师就用这些当地农产品烹制出美味佳肴，比如乳猪和炖牛尾。你可以带孩子去当地餐厅品尝科尔多瓦菜式。如果一家人在科尔多瓦的餐厅里点酒，不要询问酒的年份，这样会显得外行。由于采用了特殊的酿造工艺，安达卢西亚的葡萄酒的品质上佳，因而这里的人很少会注意酒的年份。

● Taberna los Faroles

这家小酒馆的名称来源于内院里夜晚用来照明的一盏盏灯笼，食客可以在品尝当地特色佳肴的同时享受庭院的凉爽，欣赏四周院墙上精致的方块瓷砖。这里的消费很实惠。

■ 地址：Calle Velazquez Bosco, 1, 14003 Cordoba　　■ 电话：095-7486876

● Restaurante Arbequina

这是位于科尔多瓦的一家以西班牙菜主打的餐厅，这家店的装潢和菜品都很有特色，环境舒适且价格不贵。这家的主厨力求给这里的西班牙菜一个全新的呈现方式，并辅以它们美味的酱料。

■ 地址：Ramirez de las Casas Deza 10-12, 14001 Cordoba　　■ 营业时间：10:00 ~ 23:00　　■ 电话：095-7498993

● 科尔多瓦红马餐厅

科尔多瓦的红马餐厅（El Caballo Rojo）一楼是个小小的草木茂盛的庭院，就餐区在二楼。这里环境优美，明亮的光线透过彩绘玻璃，照进风格古朴的厅堂。这里的牛尾炖得酥烂，火腿咸鲜肥瘦适中，鹅肉的酱汁无敌美味，用红酒浸泡过的葡萄干混合着果香和酒香，连免费的餐前芝士土豆都好吃到口齿留香。

■ 地址：Calle del Cardenal Herrero, 28, 14003 Cordoba　　■ 营业时间：13:00 ~ 16:30, 20:00 ~ 23:00　　■ 电话：095-7475375

●Bodegas Mezquita

这家西班牙餐馆就餐环境舒适，服务员风趣幽默，菜品口味不错，牛尾强烈推荐，餐馆里有中文菜单。

■ 地址：Corregidor Luis de la Cerda, 73, 14003 Cordoba　■ 营业时间：12:30～00:00　■ 电话：095-7107859

●Restaurante Federacion de Penas

这是一家可在被拱门围绕着的喷水池中庭享受晚餐的餐厅，就餐气氛愉快，且消费适中。比较受欢迎的菜肴有安达卢西亚沙拉、科尔多瓦风格鳕鱼等，套餐很实惠。

■ 地址：Calle del Condey Luque, 14003 Cordoba　■ 电话：095-7475427

科尔多瓦其他餐厅推荐			
名称	信息	地址	电话
El Rincon de Carmen	推荐菜有当地名菜莎尔孟雷荷、西班牙冷汤等。即使就在酒吧坐坐，喝杯咖啡小憩，也是一种享受	Calle del Romero, 4, 14003 Cordoba	095-7291055
Paseo de la Ribera	想要品尝科尔多瓦当地正宗又实惠的菜肴，一定不能错过这家饭店	Calle de la Cruz del Rastro, 3, 14002 Cordoba	—
Casa Palacio Bandolero Restaurant	食客可以在柜台品尝小吃，或是到开满鲜花的漂亮庭院内享用地道的当地美食	Calle de Torrijos, 6, 14003 Cordoba	095-7476491
Almudaina	餐厅布置得清爽宜人，采用当地最典型的装饰，出品地道的当地美食	Plaza Campo de los Santos Martires, 1, 14004 Cordoba	095-7474342
Los Deanes	小盘料理种类繁多，辣香肠很不错，可以分大、小盘点单	Calle Deanes, 6, 14003 Cordoba	095-7421723
Taberna Salinas	这是一家百年老店，有着科尔多瓦最传统的味道	Calle de Tundidores, 3, 14002 Cordoba	095-7480135

和孩子住哪里

科尔多瓦拥有超过5000家宾馆和旅店，从古典客栈到现代豪华套间应有尽有。位于市中心的酒店通常主打古典或者宫廷风格，让客人时刻萦绕在浓郁的文化气息当中。这些酒店餐饮齐全，交通便捷，但价格比较高。除酒店外，科尔多瓦有许多私营的民宿可供游客入住。想省钱的话，可以选择一些规模较小的经济型酒店。对于带孩子的游客来说，建议将住宿地点锁定在坦迪拉斯广场一带为好，这里不仅通往各处景点较为便捷，而且周围餐饮设施也较为多样化。

● 玛丽亚路易莎酒店

玛丽亚路易莎酒店（酒店内Hotel Maria Luisa）内设施齐全，可为住客提供舒适的住宿条件。 酒店内洗衣服务、餐厅、会议设施、自行车出租服务、电梯等都非常齐全，并且还有多种娱乐设施。

■ 地址：Carretera Lucena–Loja Km. 22.2, 14960 Rute, Cordoba ■ 网址：www.hotelmarialuisa.es ■ 电话：095–7538096

● 波萨达德瓦尔林纳庄园酒店

波萨达德瓦尔林纳庄园酒店（Hacienda Posada de Vallina）坐落在传统的安达卢西亚式房屋内，酒店24小时前台的工作人员可以为客人提供科尔多瓦旅游景点的相关信息，并可安排城市旅游观光、观看弗拉门戈舞蹈表演和前往阿拉伯浴场的活动。酒店允许客人携带儿童入住，所有额外入住的12岁以下的儿童，使用现有床铺不收费。

■ 地址：Calle del Corregidor Luis de la Cerda, 83, 14003 Cordoba ■ 网址：www.hhposadadevallina.es ■ 电话：095–7498750

●科尔多瓦阳台酒店

科尔多瓦阳台酒店（Balcon de Cordoba Hotel）为顾客配备了一系列的设施和服务，在酒店内，有保险箱、餐厅、电梯等设施。所有房间设有免费无线网络，部分客房内设书桌、独立淋浴间和浴缸、空调、迷你吧等设施。

■ 地址：Calle Encarnación, 8, 14003 Cordoba　　■ 网址：www.balcondecordoba.com　■ 电话：095-7498478

●斯考特而赛鲁酒店

斯考特而赛鲁酒店（Sercotel Hotel Selu）距离火车站仅有10分钟步行路程，地理位置优越。酒店提供带卫星电视、一个保险箱和迷你吧的空调客房，设有一间供应早餐的咖啡厅以及一个24小时服务的接待台。酒店提供汽车租赁服务。

■ 地址：Eduardo Dato, 7, 14003 Cordoba　　■ 网址：www.hotelselu.com　　■ 电话：095-7476500

●唐宝拉酒店

唐宝拉酒店（Hotel Don Paula）位于科尔多瓦老城中心，坐落在一座小广场上。客房装有暖气和空调，并提供免费无线网络连接。酒店的所有客房均配有迷你吧、保险箱、办公桌以及连接浴室，部分客房设有私人阳台。酒店设有一间以艺术品和古典家具装饰的起居室，可供客人使用。此外，前台还提供旅游信息。

■ 地址：Plaza Pineda, 2, 14003 Córdoba　　■ 网址：www.hoteldonpaula.com　　■ 电话：095-7493001

科尔多瓦其他住宿推荐					
中文名称	外文名称	地址	网址	电话	费用
霍斯佩德里亚酒店	Hospederia Luis De Gongora	Calle Horno de la Trinidad, 7, 14003 Cordoba	www.hospederialuisdegongora.com	095-7295399	约55欧元起
佩西恩西伯雷斯酒店	Pension Cibeles	Calle de la Cara, 12, 14003 Cordoba	www.pensioncibeles.com	095-7475139	约60欧元起
膳食公寓国际酒店	Pension Internacional	Calle Juan de Mena, 14, 14002 Cordoba	www.pensioninternacional.es	095-7478349	约73欧元起
庭院酒店	Los Patios Hotel	Calle Cardenal Herrero, 14, 14003 Cordoba	www. lospatios. net	095-7478340	约105欧元起
弗恩特公寓酒店	Apartamentos la Fuente	Calle San Fernando, 51, 14003 Cordoba	www.hostallafuente.com	095-7487827	约125欧元起
米勒斯路38号酒店	Hosteria Lineros 38	Lineros, 38, 14002 Cordoba	www.hostallineros38.es	095-7482517	约136欧元起

给孩子买什么

科尔多瓦以轧花革（Cuero Repujado）制品、银饰珠宝（尤其是金银丝做的工艺品）和精致的陶瓷而闻名。你可以选择当地的陶器作为家中的装饰品，也可以购买巧夺天工的银质珠宝、皮革手工艺品、科尔多瓦帽子，甚至是西班牙古典六弦琴。此外你还可以采购几瓶著名的Montilla-Moriles葡萄酒带回家。

不可错过的购物地

在科尔多瓦老街，各具特色的商店数不胜数，各店所出售的手工艺品也是物美价廉。各种工艺品店主要集中在科尔多瓦大清真寺周围，较有名的如Meryan、Ghadames等。建议到Torrijos、Deanes、Romero和百花巷等街区附近逛逛。但需注意的是，这些精美的手工艺品不仅好看，它们的价格也是不菲的。Cruz conde、Conde de Gondomar 和Ronda de los Tejares是科尔多瓦当地最活跃的经济区。阿瑞纳周日街市场（El arenal Sunday street market）是购买衣服、人造珠宝首饰、背包、鞋子的好云处，而且价钱也很合理。

科尔多瓦大清真寺

在科尔多瓦的出行

科尔多瓦虽然城市很小，但公交车很多，也很便宜。即便如此，乘坐公交车对于旅行者来说却非常麻烦，因为线路非常复杂，很难找到适合的线路，也很难找到懂英语的司机帮忙。对于如此之小、景点又如此集中的城市，步行是最好的选择。旅游咨询中心和酒店的服务台都能拿到免费的导游图，拿着一张图就可以走遍科尔多瓦了。对于带孩子的游客来说，也可以乘坐古色古香的马车穿行在古老建筑间，这是很风雅的一件事，但价格也是很昂贵的。

公交车

科尔多瓦最常用的公交车线路是3路，从火车站前广场（长途汽车站）到市中心，很方便。公交车单次票价格为1.15欧元，若是节日期间票价为1.6欧元。10次票为6.6欧元，学生10次票为5.3欧元，30天的公交卡为39欧元。部分的烟草店或报刊亭可以购票或充值。

潮爸辣妈提示　公交车站上有语音报站，是西班牙文，听不懂的话可以盯紧车前部上方的电子显示器来看是否到站了。最好不要数站数，因为有些站没人上下就不会停。

电动游览车

这种高科技游览车装备了电脑和卫星导航系统，是马车的现代版。游客在车内的电子触摸屏上就可以看到即将到达的景点的详细介绍。游览车价格约50欧元，游程约2小时。

出租车

科尔多瓦的出租车很多，管理也很规范，打表计费，很少会发生价格欺诈。如果有大件行李会额外收费，节假日的价格也会提高，所以如果发现同样的路程今天车费比昨天高，并不一定是上当受骗。当地司机多数不会讲英语，所以最好提前把目的地的西班牙文名称写在小纸条上。

在5月，科尔多瓦会举行各种节日活动，其中包括圣周、五月十字节、庭院节、庙会、斗牛、艺术表演等。被公认为游客最喜欢的节日是圣周，周三时会有大型游行活动；周四午夜时举行"静默的游行"；周六则有"痛苦的游行"。此外春会、圣体的集市等也是充满安达卢西亚风情的好场所。

特别推荐大家在庭院节的时候去科尔多瓦看看，因为节日期间正是鲜花烂漫的春夏之交，城里的豪宅庭院和宫殿向公众开放，都非常漂亮，同时在各种风格的酒吧里会举办品酒会，让大家大饱眼福的同时，肚子也可以填得饱饱的。

●庭院节

在科尔多瓦，无论是上层人士，还是平民百姓，都热衷于装点庭院。这些世代相传的庭院，大多装修精美，每年的5月伊始，科尔多瓦就迎来了一年中最美丽的节日——庭院节。这时一盆盆天竺葵将被热爱生活的主人们挂在庭院、街道墙壁上。如果这时，在哪家的门前看到"Patio"字样，那你就有眼福了，你可以随便进入院中欣赏这里的园艺。漫步花海中，不时回眸望去，大清真寺的钟楼赫然矗立在花丛间，而此时的你，早已不知是迷失在城市中，还是醉倒的花香间。

●五月十字节

五月十字节是一个庆祝春天来临的节日，时间是每年的5月3日。人们用插满鲜花的十字架来纪念耶稣，这种欢乐的方式取代了他受难的形象，表达人们对生活的美好向往，感谢大自然的馈赠，提前庆祝收获的到来。十字节源于早期的自然崇拜，在基督教传入后，用十字架代替了自然图腾。人们用最显眼、最亮丽的物件装点十字架，将它们放在城市里最美的角落。节日这天在科尔多瓦能感受到色彩鲜艳、充满香味的欢乐气氛。

⭐ 科尔多瓦省钱大比拼

对孩子优惠的景点

景点名称	孩子玩点	优惠信息	地址
科尔多瓦大清真寺	参观大清真寺	成人8欧元，10~14岁儿童4欧元，10岁以下儿童免费。重要宗教节日期间免费	Calle del Cardenal Herrero, 1, 14003 Cordoba
百花巷	观看鲜花	免费	Calleja de las Flores, 14003 Cordoba
古罗马桥	凭栏观赏两岸美景	免费	Ronda de Isasa, 14003 Cordoba
阿卡扎堡	漫步于城墙环绕中的古典庭院	成人9.5欧元，17~25岁、退休人士2欧元（需出示证件），16岁以下免费	Plaza Campo Santo de los Mártires, s/n, 14004 Cordoba
斗牛博物馆	欣赏到斗牛士们在斗牛时使用过的武器以及穿戴的服饰	3欧元，周五免费	Plaza De Maimonides, 0 S/N, 14004 Cordoba
犹太教堂	参观教堂	成人0.3欧元，欧盟公民免费	Calle de los Judios, 20, Cordoba
旧犹太人街	欣赏以鲜艳花盆装饰的窗棂	免费	La Juderia, Cordoba
科尔多瓦王宫	参观花园	成人4欧元，学生、老人2欧元，周五免费	Calle de las Caballerizas Reales, 14004 Cordoba
梅迪纳亚萨拉遗迹	观看梅迪纳亚萨拉宫殿	3欧元	Carretera Palma del Río, km 5,5, 14005 Cordoba
皮亚纳宫殿	欣赏艺术品、刀剑、瓷砖等器物	成人8欧元，12岁以下儿童免费	Plaza de Don Gomes, 2, 14001 Cordoba
小马客栈	参观客栈	免费	Posada del Potro, Cordoba
卡拉欧拉之塔	将科尔多瓦老城区尽收眼底	成人4.5欧元，8岁以下儿童免费，进入幻灯片播放厅需加付1.2欧元	Puente Romano, 14009 Cordoba
小马广场	观看小马雕像喷泉	免费	Plaza del Potro, Cordoba
胡里奥·梅德罗·德多雷斯博物馆	欣赏画作	成人3欧元，周五免费	Plaza del Potro, 1, 14002 Cordoba
动物园和野生动物中心	攀爬	成人4欧元，老人和儿童2欧元	Av de Linneo, 14004 Cordoba
考古博物馆	观看科尔多瓦出土的文物	成人1.5欧元，欧盟公民免费	Plaza de Jeronimo Paez, 2, 14003 Cordoba
科尔多瓦美术馆	欣赏艺术家作品	成人1.5欧元，欧盟公民免费	Plaza del Potro, 1, 14002 Cordoba
麦地那-阿沙哈拉宫	欣赏石柱和绘画	1.5欧元	Ctra de Palma del Rio, Km 5
Casa de Sefarad	观看现场音乐独奏及讲故事等节目	4欧元	Calle de los Judios, 17, 14004 Cordoba

最解闷的旅行游戏

互动游戏

大眼瞪小眼

场合： 各种交通工具上

道具： 无

人数： 2人

规则： 父亲/母亲和孩子面对面近距离坐着，眼睛看着眼睛，不能移开目光，也不能眨眼，谁先眨眼或者谁先笑等，就算输，要接受惩罚（唱歌、背诗等）。

数数字

场合： 各种交通工具上；或者休闲等待的场合

道具： 无

人数： 4人以上

规则： 父亲/母亲和孩子若有4人以上围坐在一起（不足也可加上别的游客），选定数字，比如3（可以2~9），从某个人开始喊1，下一个喊2，到3结尾或者3的倍数的数字时，不能喊出来，只能在桌子上轻轻击打一下，下一个喊4等以此类推。

摸耳朵

场合： 各种交通工具上

道具： 无

人数： 2人

规则： 父亲/母亲和孩子摸对方的耳朵，不准用手抓住对方的手来阻止，而要在偏头躲避的同时去摸对方的。

猜数字

场合： 各种等待的场合

道具： 一支笔、纸条

人数： 3人以上

规则： 父亲、母亲和孩子，其中一个人写个数字（1~100），然后其他人猜，每猜一次范围缩小，最后猜中的人挨罚（抽3签之一）。下一轮由受罚者写数字，依此循环。

猜牙签

场合： 就餐前

道具： 牙签若干

人数： 3人以上

规则： 这是父亲/母亲和孩子饭桌上的经典游戏。根据参加游戏的人数，准备好同样数量的牙签。主持人把一定数量（1根到全部）的牙签捏在手里，让大家依次猜有几根。不幸猜中者，受罚，并作为下一轮的主持人继续游戏。

贴牌

场合： 随意

道具： 一副扑克牌，拿走大小王

人数： 3人以上

规则： 父亲、母亲和孩子一人抽一张牌，贴在额头上，自己不许看自己的牌面，但却能看到别人的。A最大，2最小，同一个点数，花色从大到小依次为黑桃、红桃、草花、方块，大家开始依次根据别人的牌面和表情，猜测自己牌点是不是最小的。如果觉得自己最小，可以放弃，接受轻微惩罚，但不许看牌面，游戏继续进行。直到大家都不放弃时，亮牌，最小者受罚。

益智玩具

拼图

　　无论是把碎片拼接在一起形成完整图案的拼图，还是在固定的方框版里移动小木块至合适位置行程完整图案的拼图，都非常受孩子喜爱，在旅途中有这样的玩具，好静的孩子一般能玩好几个小时。最好能给孩子专门备一个装玩具的行李箱，里面装各种类型的玩具。不要装玩具刀剑等。

七巧板

　　七巧板源于中国，自古以来就是益智类的玩具，一副七这块板可拼成千种以上图形，如果配合两副或以上的七巧板，甚至可以做出一幅画。

T字谜

　　T字谜也是民间智慧的结晶，只有四块，所以也称"四巧板"，有2个版本，一种是可以拼出"石条"形状的"T字之谜"，一般提供100种参考图案；另一种是不能拼出"石条"的"T字之谜"，一般提供218种参考图案，也有人提供过338种参考图案。

西班牙旅游信息

中国驻西班牙各地使领馆

中国驻西班牙各地使领馆			
名称	地址	电话	所辖城市
中华人民共和国驻西班牙大使馆	Calle Arturo Soria, 113, 28043, Madrid	091-5194242	www.chinaemb_es@mfa.gov.cn
中华人民共和国驻巴塞罗那总领事馆	Av.Tibidabo, No.34 Barcelona	093-2547070/4342950	www.barcelona.china-consulate.org/chn/lgxx/t211609.htm

西班牙的应急电话

　　出门在外旅游，难免会出现一些突发状况，如果事情紧急，你需要拨打电话来求助。所以，在你准备去西班牙前，不妨将一些应急电话备份到手机上，这样当你遇到紧急情况时就可以直接拨打电话求助。

必备应急电话	
电话类别	电话号码
西班牙紧急救援电话	112
国家巡警电话	091
旅外国人救助	800-0885-0885 (24 小时接听)
西班牙的中文报警电话	09-13228598、091-3228599
马德里中文报警电话号码	091-3228598、091-3228599
重要证件挂失电话	090-2102112、090-2192100、090-2247364
市政警察	092
市区警察	915 885 000
宪警	062
交通警察	914 577 700
消防	080
救护车	061
电话咨询及紧急接待	900100333

西班牙的世界遗产名录

西班牙世界遗产名录			
中文名	外文名	列入时间	类别
格拉纳达的阿尔罕布拉、赫内拉利弗和阿尔巴辛	Alhambra, Generalife and Albayzin, Granada	1984年	世界文化遗产
布尔戈斯大教堂	Burgos Cathedral	1984年	世界文化遗产
科尔多瓦历史中心	Historic Centre of Cordoba	1984年	世界文化遗产
马德里的埃斯科里亚尔修道院和遗址	Monastery and Site of the Escuria	1984年	世界文化遗产
安东尼·高迪建筑作品	Works of Antoni Gaudi	1984年	世界文化遗产
阿尔塔米拉洞和西班牙北部旧石器时代洞窟艺术	Cave of Altamira and Paleolithic Cave Art of Northern Spain	1985年	世界文化遗产
奥维耶多和阿斯图里亚斯王国的古建筑	Monuments of Oviedo and the Kingdom of the Asturias	1985年	世界文化遗产
阿维拉古城及其城外教堂	Old Town of Ávila with its Extra-Muros Churches	1985年	世界文化遗产
塞哥维亚古城及其输水道	Old Town of Segovia and its Aqueduct	1985年	世界文化遗产
圣地亚哥-德孔波斯特拉	Santiago de Compostela	1985年	世界文化遗产
加拉霍艾国家公园	Garajonay National Park	1986年	世界自然遗产
托莱多古城	Historic City of Toledo	1986年	世界文化遗产
阿拉贡的穆德哈尔式建筑	Mudear Architecture of Aragon	1986年	世界文化遗产
卡塞雷斯古城	Old Town of Cáceres	1988年	世界文化遗产
塞维利亚大教堂、城堡和西印度群岛档案馆	Cathedral, Alcázar and Archivo de Indias in Seville	1987年	世界文化遗产
萨拉曼卡古城	Old City of Salamanca	1988年	世界文化遗产
波夫莱特修道院	Poblet Monastery	1991年	世界文化遗产
梅里达的考古遗址群	Archaeological Ensemble of Mérida	1993年	世界文化遗产
圣地亚哥·德·孔波斯特拉之路	Route of Santiago de Compostela	1993年	世界文化遗产
瓜达卢佩的圣玛利亚皇家修道院	Royal Monastery of Santa María de Guadalupe	1993年	世界文化遗产
多南那国家公园	Doñana National Park	1994年	世界自然遗产
城墙围绕的历史名城昆卡	Historic Walled Town of Cuenca	1996年	世界文化遗产

中文名	外文名	列入时间	类别
巴伦西亚的丝绸交易厅	La Lonja de la Seda de Valencia	1996年	世界文化遗产
拉斯梅德拉斯	Las Médulas	1997年	世界文化遗产
巴塞罗那的加泰罗尼亚音乐厅和圣保罗医院	Palau de la Música Catalana and Hospital de Sant Pau	1997年	世界文化遗产
比利牛斯—珀杜山	Pyrénées – Mont Perdu	1997年	世界文化自然遗产
圣米兰的尤索和素索修道院	San Millán Yuso and Suso Monasteries	1997年	世界文化遗产
科阿谷和谢加贝尔德史前岩石艺术遗址	Prehistoric Rock–Art Sites in the Côa Valley and Siega Verde	1998年	世界文化遗产
伊比利亚半岛地中海盆地岩画艺术	Rock Art of the Mediterranean Basin on the Iberian Peninsula	1998年	世界文化遗产
埃纳雷斯堡大学城和历史区	University and Historic Precinct of Alcalá de Henares	1998年	世界文化遗产
伊维萨岛	Ibiza	1999年	世界自然文化遗产
拉古纳的圣克里斯托瓦尔	San Cristóbal de La Laguna	1999年	世界文化遗产
塔拉科考古遗址	Archaeological Ensemble of Tárraco	2000年	世界文化遗产
阿塔皮尔卡的考古遗址	Archaeological Site of Atapuerca	2000年	世界文化遗产
博伊山谷的加泰罗尼亚罗马式教堂群	Catalan Romanesque Churches of the Vall de Boí	2000年	世界文化遗产
埃尔切的枣椰林	Palmeral of Elche	2000年	世界文化遗产
卢戈的古罗马城墙	Roman Walls of Lugo	2000年	世界文化遗产
阿兰胡埃斯文化景观	Aranjuez Cultural Landscape	2001年	世界文化遗产
乌韦达和巴埃萨的文艺复兴时期古迹群	Renaissance Monumental Ensembles of Úbeda and Baeza	2003年	世界文化遗产
比斯开桥	Vizcaya Bridge	2006年	世界文化遗产
泰德国家公园	Teide National Park	2007年	世界自然遗产
海克力士塔	Tower of Hercules	2009年	世界文化遗产
特拉蒙塔那山区文化景观	Cultural Landscape of the Serra de Tramuntana	2011年	世界文化遗产
水银遗产：阿尔马登与伊德里亚	Heritage of Mercury：Almdén and Idrija	2012年	世界文化遗产

带3~6岁孩子出游

带3~6岁孩子出行，家长最头疼的莫过于给孩子准备的行李，下面根据孩子的年龄、所带的物品做了以下整理，可供家长参考。

带3~6岁孩子出游行李准备			
年龄段	**分类**	**物品明细**	**详情**
幼儿	喂食器具	瓶刷	否则瓶子刷不干净
		奶瓶和奶嘴	够一天喂食即可
		配方奶粉	够旅途中所需即可
		汤匙	方便喂孩子吃东西
		旅行水壶	方便烧开水
	应急食物	巧克力	一盒
		薄脆饼干	一包
		葡萄干	几包
	卫生用品	便携式尿垫	在外行走时方便
		胶带	以防尿布上的固定带失效
		湿巾	防止皮肤感染
		尿壶	方便孩子起夜
	婴儿车和背带	背带	把婴儿固定在胸前，方便安全
		婴儿车	方便孩子路途睡觉
	其他	旅行床	节省住宿加床的开支
		衣服	宽松、轻便棉质衣服
		玩具	写字板、趣味书、彩笔、玩偶等

儿童安全顺口溜

出国游玩需牢记，交通安全很重要
行走应按人行道，没有行道往右靠
天桥地道横行道，横穿马路离不了

莫与车辆去抢道，嬉戏不往路上跑
骑车更要守规则，不要心急闯红灯
乘车安全要注意，遵守秩序把队排
手头不能伸窗外，扶紧把手莫忘记

生人靠近要当心，不让碰到自己身
给你美食先感谢，婉言拒绝莫惹火

住进酒店小当家，水火电器勿触摸
爸妈在旁才使用，有事先向警察报
欢度节日搞庆典，烟花爆竹慎重放

火灾面前莫着慌，报警逃生两不忘
明火暗火卷烟头，看见就要速远离
如遇水灾更别慌，先找身边的木桩
如有救生衣在旁，快速穿上等救援

抓紧爸妈衣襟角，跑丢不要太慌张
先找交警求帮助，也可打车回住处

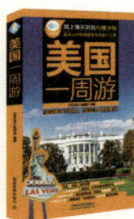

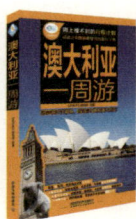

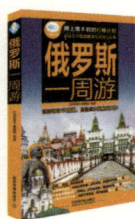

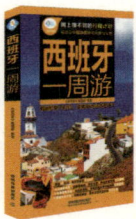

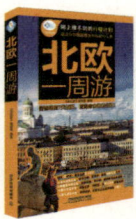

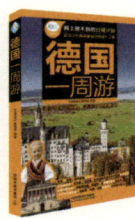

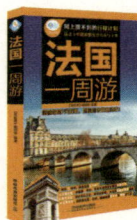

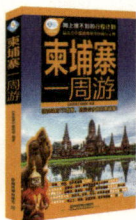